Situarse en
el mundo

COLECCIÓN ABUNDANCIA
ASTROLÓGICA

Situarse en el mundo

Andrea Valeria

PRESS

C. A. PRESS
PENGUIN GROUP (USA)

C. A. Press
Published by the Penguin Group
Penguin Group (USA) LLC, 375 Hudson Street,
New York, New York 10014

USA | Canada | UK | Ireland | Australia | New Zealand | India | South Africa | China
penguin.com
A Penguin Random House Company

First published by C. A. Press,
a division of Penguin Group (USA) LLC

First Printing, May 2014

LIBRARY OF CONGRESS CATALOGING-IN-PUBLICATION DATA

Valeria, Andrea.
Colección abundancia astrológica: situarse en el mundo/Andrea Valeria.
p.   cm.
ISBN 978-0-147-51237-6 (paperback)
1. Astrology.   I. Title.
BF1708.5.V37   2014
133.5—dc23   2014007807

Printed in the United States of America
1   3   5   7   9   10   8   6   4   2

Set in Meridian

Le dedico este libro al año 2013 y a sus 31.544.640 segundos (porque fue año bisiesto, sino hubieran sido solamente 31.536.000 segundos), ya que cada segundo cuenta, y en un solo segundo puede ocurrir una novedad, una situación inimaginable o deliciosamente repetida, un reconocimiento personal o mejorable, un momento bueno o malo y, por supuesto, todo lo que tenga que ver con el amor, presente, pasado o futuro... o hasta un milagro.

La vida es abundancia, bajo toda circunstancia, y seguirá siéndolo mientras las abundantes estrellas del cielo nos sigan mirando.

Contenido

Contenido

Introducción

La idea detrás de *Situarse en el mundo* es regalarte consejos sobre cómo puedes comenzar a dar los pasos necesarios para mejorar tu autoestima, tus días y el amor con la ayuda y el apoyo de tu propio signo del Zodiaco, porque cada uno de ellos (Aries, Tauro, Géminis, Cáncer, Leo, Virgo, Libra, Escorpión, Sagitario, Capricornio, Acuario y Piscis) tiene algo de una buena estrella que el cielo nos regala a la hora de nacer.

No quiero interferir con la neurociencia, la psicología ni la psiquiatría, ni quiero que dejes de creer en lo que tu fe te permite reconocer —seas cristiano, de creencia islámica, judío, hindú, budista, de alguna religión china, de una religión tribal o seas ateo. Eso es tan personal como el tipo de sexo que prefieres. Pero al conocer un poco más la *fuerza* de tu propio signo, encontrarás una buena base para afrontar las cosas que te molestan de tu misma persona, te ayudará a eliminar algunos miedos que a menudo no te atreves a contar ni sabes cómo explicar y lograrás ser tu propio entrenador de vida, algo que todos podemos realizar sin lugar a dudas.

Al conocerte mejor a través de tu signo, reconocerás lo que te conviene sin sudar frío y sabrás cómo controlarte, en las buenas y en las malas. Todos tenemos momentos difíciles diarios —sea porque nos apuran en el baño de mañana, porque nos sentimos poco amados o porque no podemos lidiar con ciertas personas— la lista puede ser interminable, y la lista de dificultades se convierten a veces en un largo pesar que puede convertirse en pesadumbre. ¿Quién no se ha preguntado a sí mismo, por qué me está pasando esto a mí?

Con este libro comenzarás a ver como tu conciencia encuentra el autoconocimiento de todo lo bueno, fuerte, creativo y aguantador que traes por dentro, lo cual ayudará a que tu autoestima comience a crecer, para tú bien y para el bien de quien vive o convive contigo, en los días buenos y los malos. Aprovéchalo, aplícalo a tu vida y disfruta las consecuencias positivas que te brindará, ¡con abundancia estelar!

PRIMERA PARTE

La autoestima

Conócete

Dicen, los que creen saber, que Sócrates era de signo Tauro y eso a mí me gusta. Tauro es el signo del Zodiaco que más piensa en sí, y gracias a Dios todos tenemos a Tauro en nuestro horóscopo personal, ya que todos los signos conviven y de algún modo o manera existen dentro de nosotros, ya sea en mayor o menor grado. Sócrates nació en el año 470 a. de C. en Atenas, Grecia, y fue profesor de Platón. Lo que Platón escribió sobre Sócrates es lo que nos queda hasta hoy día, como anillo al dedo. Repetía en sus pláticas y a sus alumnos lo que hasta ahora bien vale la pena hacer:

"CONÓCETE".

Eso de *conocerse* no es tan fácil como uno cree… pero una vez que logremos ponernos de acuerdo con quién somos y qué podemos hacer para aprovechar lo mejor de uno mismo:

- podremos ver una luz al final de todo túnel;
- encontraremos cómo salir de situaciones difíciles;
- nos sentiremos mejor con nosotros mismos;
- sabremos cómo decir que sí (cuando conviene) y no (cuando no conviene);
- y diariamente nos sentiremos mejor con nosotros mismos y nos encontraremos un poco más contentos.

De esta manera, llegamos a la siguiente ecuación:

*Conociéndote un poco más + un poco más =
una vida más plena y segura*

Los signos del Zodiaco son doce: Aries, Tauro, Géminis, Cáncer, Leo, Virgo, Libra, Escorpión, Sagitario,

Capricornio, Acuario y Piscis. Cada uno tiene sus propiedades y su fecha, aunque vale la pena confirmarlas porque a veces el principio o el final de cada signo cambia con el año, porque, como dijo Galileo, todo se mueve.

ARIES—21 de marzo a 19 de abril
TAURO—20 de abril a 20 de mayo
GÉMINIS—21 de mayo a 21 de junio
CÁNCER—22 de junio a 22 de julio
LEO—23 de julio a 22 de agosto
VIRGO—23 de agosto a 22 de septiembre
LIBRA—23 de septiembre a 23 de octubre
ESCORPIÓN—24 de octubre a 22 de noviembre
SAGITARIO—23 de noviembre a 21 de diciembre
CAPRICORNIO—22 de diciembre a 20 de enero
ACUARIO—21 de enero 21 a 18 de febrero
PISCIS—19 de febrero a 20 de marzo

Para comenzar a conocerte, te presento doce frases, una para cada signo, del mismo maestro Sócrates para que te la pongas como camisa de fuerza cósmica.

- **ARIES:** Cada acción tiene su placer y su precio.
- **TAURO:** El asombro es el comienzo de la sabiduría.
- **GÉMINIS:** Comprender la pregunta es la mitad de la respuesta.
- **CÁNCER:** Sé amable, ya que cada persona que conoces está luchando su propia batalla.
- **LEO:** No podemos vivir mejor sin tratar de ser mejores.
- **VIRGO:** Sé cómo quisieras parecer.
- **LIBRA:** Prefiere siempre el conocimiento a la riqueza, puesto que uno es transitorio y el otro es perpetuo.
- **ESCORPIÓN:** Ten cuidado de la aridez de una vida demasiada ocupada.
- **SAGITARIO:** Dentro de cada ser humano vive una bestia salvaje que se asoma en nuestros sueños.
- **CAPRICORNIO:** Quien quiera cambiar al mundo primero tiene que cambiar su persona.
- **ACUARIO:** Para encontrarte, piensa por ti mismo.

- **PISCIS:** El único bien es el conocimiento
  y el único mal es la ignorancia.

Si comienzas usando la frase que corresponde a tu signo como escudo, la idea que te inspira será el primer paso hacia un autoconocimiento personal, cuyas fuerzas, poderes y raciocinio ya serán tus primeras vitaminas cósmicas para luego mirarte en el espejo y decirte a ti mismo: "Qué bueno que soy yo".

Cada signo tiene sus peculiaridades, sus fuerzas y sus poderes, y existen tantas posibilidades dentro de un solo horóscopo que se podría estudiar uno solo durante toda una vida. Comprender la raíz de tu propio signo cósmico es parte de comprenderte a ti mismo.

A los diecisiete años, cuando fui a visitar a un astrólogo polaco muy reconocido, iba a una escuela en Inglaterra donde había conseguido una beca para estudiar comunicación. Para ese entonces, tenía ciertos conocimientos básicos sobre la astrología porque mi madre era astróloga, y yo siempre fui demasiado curiosa. Ese día, el Sr. Mason, con su maravillosa librería astrológica y su acervo de objetos extraños, me regaló un dibujo de mi propia carta astral y me dijo: "Cuelga esto cerca de tu cama para que con este libro que te doy (y no me lo cobró) poco a poco entiendas, estudies y ponderes lo que ves. Y, dentro de unos quince años, podrás quizá ser astróloga profesional".

Lo hice, y lo soy. Y con estos conocimientos te presento dos importantísimos grupos de divisiones psíquicas para irte conociendo mejor: los elementos y las cualidades.

Los elementos

Tierra, Aire, Fuego y Agua: estos son los cuatro elementos que están relacionados con todo lo que los antiguos concebían como la base del Universo. Los elementos son analogías y similitudes representadas en tu ADN cósmico. Al referirnos a nuestro temperamento personal con estos mismos elementos, ¡podemos hasta divertirnos! Aries por ejemplo, forma parte del elemento Fuego... ¡y vaya si se enojan! Los elementos nos regalan ciertos actitudes o maneras de ser, a su vez, cada elemento tiene tres signos.

Tierra

El elemento Tierra tiene que ver con los signos Tauro, Virgo y Capricornio, los cuales son más bien prácticos, estables y consideran que el bienestar es el primero en la lista de sus prioridades, y esto les hace bien. Si, por ejemplo, tú eres Tauro, no dejes que te convenzan de que ese algo es malo... para ti, puede ser algo excelente.

Aire

El elemento Aire representa la comunicación, la mente, las palabras y las respuestas rápidas, y en él se encuentran los signos Géminis, Libra y Acuario. Dicen que Géminis necesita decir, como mínimo, una mentirita al día para poder explayar todo lo que necesita decir después.

Fuego

El elemento Fuego rige (cuando se dejan) a los signos Aries, Leo y Sagitario. Por ende, estos tres signos tienen una fuerte dosis de espontaneidad, son impulsivos, sus respuestas son emotivas, rápidas y a veces furiosas, y pueden (cuando quieren) ser comprensivamente fáciles, como también pueden, de pronto, brincar a un enojo algo insoportable.

Agua

El elemento Agua es el representante de las emociones y se acomoda rigiendo a Cáncer, Escorpión y Piscis. Estos signos llevan al elemento Agua en su ser, que aparece a través de lo sensorial, lo universal y las experiencias creativas. Por ejemplo, si tú eres Piscis, no dejes de usar esos atributos para reafirmar tus deseos.

Las cualidades

C ardinal, Fijos y Mutables, estas son las tres cualidades del Zodiaco; cada una rige a cuatro signos. Las cualidades se basan en atributos humanos que forman parte de los ritmos de la naturaleza, con ciertas características propias.

Cardinal

Aries, Cáncer, Libra y Capricornio, con esta cualidad, inician, formulan, activan y necesitan calmar sus ansias para no caer en respuestas o decisiones fugazmente tomadas.

Fijo

Tauro, Leo, Escorpión y Acuario, los verbos estabilizar, nutrir y mantener van de la mano de esta cualidad. Toman su debido tiempo para responder, y cuando lo hacen, mejoran su entorno y sus decisiones.

Mutable

Géminis, Virgo, Sagitario y Piscis comparten la cualidad Mutable, y les es fácil cambiar, adaptar y aplicar.

Puesto que todos tenemos a todos los signos en nuestro horóscopo personal, la combinación de las cualidades y los elementos nos sirve para comprender "por qué me pasa esto a mí", al reforzar nuestras decisiones con estos atributos.

El elemento y la cualidad de tu signo

A cada signo le corresponde un elemento y una cualidad, lo cual nos hace más interesantes. Busca tu signo en la siguiente lista para sentir el modo y la manera en que puedes reafirmarte, acomodarte y estar lleno de una abundancia firmemente asociada con lo bueno de tu persona.

- **ARIES** es de elemento Fuego y cualidad Cardinal.
- **TAURO** es de elemento Tierra y cualidad Fijo.
- **GÉMINIS** es de elemento Aire y cualidad Mutable.

- **CÁNCER** es de elemento Agua y cualidad Cardinal.
- **LEO** es de elemento Fuego y cualidad Fijo.
- **VIRGO** es de elemento Tierra y cualidad Mutable.
- **LIBRA** es de elemento Aire y cualidad Cardinal.
- **ESCORPIÓN** es de elemento Agua y cualidad Fijo.
- **SAGITARIO** es de elemento Fuego y cualidad Mutable.
- **CAPRICORNIO** es de elemento Tierra y cualidad Cardinal.
- **ACUARIO** es de elemento Aire y cualidad Fijo.
- **PISCIS** es de elemento Agua y cualidad Mutable.

Los elementos y las cualidades tienen "dimes y diretes", características y don aires, principios de vida y analogías, y pueden ser tus pilas para alumbrar lo que necesitas ver, encontrar, saber y usar.

Festeja tu autoestima con una palabra diaria

T e propongo algo fácil. Lo que sigue es una lista de 365 palabras. Cada una se podría relacionar con tu propia autoestima. En el orden que quieras (excelente si lo haces a partir de HOY) busca una palabra por día y relaciónala con tu autoestima. Una vez que comprendas que puedes convertir la palabra escogida en una idea o en un quehacer, la apreciación que tienes de ti mismo aumentará. De la misma manera en que los atletas trabajan diariamente en el gimnasio o con su entrenador personal, tú estarás entrenando tu persona, la propia, la que se mira en el espejo, y mejorando el valor que tú le das a esa persona: ¡a ti!

moldear	amortiguar
mejorar	meditar
comunicar	ampliar
escuchar	alentar
saltar	condecorar
componer	implementar
reponer	condicionar
ayudar	serenar
conquistar	conducir
completar	buscar
reír	cotorrear
aguantar	coronar
entender	ganar
maravillar	escribir
sanar	destacar
practicar	aventajar
complacer	dirigir
orgullo	percibir
disfrutar	abundar
alegrar	entonar
elegir	fluir
aprender	elaborar
avanzar	arreglar
enaltecer	respaldar

beneficiar	aliviar
entusiasmar	magnificar
brillar	encaminar
espiritualizar	flotar
recordar	corregir
expresar	aceptar
pertenecer	sincronizar
afamar	unir
hablar	atraer
felicitar	construir
agrandar	llegar
poder	fomentar
reconvertir	endulzar
idear	aumentar
energizar	jugar
apapachar	homenajear
imponer	flexibilizar
ratificar	suavizar
amigar	reforzar
elevar	funcionar
saborear	galantear
necesitar	renovar
calmar	agigantar
remediar	gozar

agraciar

habilitar

juntar

halagar

abrir

seducir

bendecir

internacionalizar

honrar

besar

nadar

atravesar

conexionar

reconstruir

entrar

suspirar

iluminar

filosofar

humanizar

reformar

humor

caminar

averiguar

simbolizar

idealizar

salir

identificar

sobrellevar

alimentar

cantar

encontrar

brindar

impresionar

emocionar

atardecer

descansar

impulsar

pensar

incrementar

inflar

observar

cambiar

justificar

inspirar

instrumentar

interesar

durar

regular

sentir

aconsejar

alumbrar

levantar

liberar

alinear

lustrar

anhelar

ilustrar

mirar

apasionar

proyectar

enardecer

orientar

argumentar

generar

saber

estar

desear

controlar

presentar

debatir

persuadir

facilitar

cuestionar

integrar

encantar

transgresor

fascinar

escenificar

pontificar

regalar

demostrar

alzar

protagonizar

medir

calificar

comparar

soportar

autorespetar

respectar

bienestar

profundizar

situar

apreciar

responder

legitimizar

querer

posicionar

cimentar

seguir

sonar

cooperar	reflexionar
obsequiar	corresponder
volar	atribuir
respetar	experimentar
negociar	definir
permanecer	consentir
distinguir	acostumbrar
fantasear	recurrir
adelantar	aventurar
hacer	imaginar
entretener	mantener
vincular	acrecentar
revelar	orquestar
incluir	regenerar
sustanciar	concluir
planear	nutrir
accionar	triunfar
socializar	aprovechar
lanzar	sonreír
reventar	consagrar
ambientar	razonar
estimar	corroborar
asombrar	deslumbrar
rejuvenecer	regresar
preferir	entretener

prender	atrever
divertir	poner
exaltar	interactuar
no fallar	ordenar
invertir	agradar
reunir	encender
alternar	ahondar
obtener	soñar
viajar	admirar
crecer	dar
no estereotipar	superar
crear	maximizar
contentar	valorar
vivir	disponer
comprometer	cautivar
premiar	refrescar
rolar	diversificar
vibrar	rescatar
cuajar	irradiar
agendar	preparar
conectar	acentuar
universalizar	reconciliar
provocar	animar
creer	llamar
reposicionar	machacar

enseñar	motivar
reparar	enriquecer
madurar	robustecer
contemplar	apoyar
mandar	resaltar
manejar	inventar
desarrollar	normalizar
abrazar	explorar
estimular	notar
mediar	ofrecer
progresar	compartir
ingeniar	perfeccionar
merecer	descubrir
modernizar	aclarar
enamorar	ejemplificar
estudiar	reverberar
moderar	dignificar

La autoestima es considerada el más importante de los conceptos personales de una persona; incluye el valor que uno tiene de sí, la visión que tenemos de nosotros mismos, el respeto que nos merecemos y la integridad personal de cada quien. Los conceptos que despiertan en ti cada palabra despertarán nove-

reanimar	despertar
autorevelar	sorprender
salvar	trabajar
esclarecer	transmitir
satisfacer	tranquilizar
sazonar	ubicar
asegurar	contribuir
enfocar	enfrentar
amar	afirmar
ascender	subir
ser	acomodar
servir	no complicar
esperanzar	explicar
sobresalir	considerar
simpatizar	innovar
respirar	proceder

dades personales que te harán ver cómo reforzar tu persona. Podrían algunas personas decir que la autoestima se parece al amor propio, aunque la autoestima es un poco más personal y, para integrarse a este complicado pero maravilloso mundo, importantísima.

Enriquece tu autoestima a través de tu signo

Es muy raro nacer con una autoestima perfeccionada o con suficiente como para salir airada de toda conversación, de cualquier necesidad, de una presentación personal, un despertar incongruente o difícil. Es algo que no se puede tocar físicamente, pero te afecta, me afecta, nos afecta, aunque hay quienes dicen que poco les importa o vale. La sientes y a menudo la escuchas cuando hablas de ti, cuando te presentas o te presentan a alguien o cuando tienes que hablar en público —aunque ese público sea una sola persona. La palabra *auto*, es UNO MISMO, y *estima* es la VALORACIÓN DE SI MISMO.

La autoestima, generalmente, debe ser positiva y no se deber relacionar con ser presumido (aunque yo sí presumo de los conocimientos que tengo sobre mi santa profesión, lista siempre a confesar que al mismo tiempo uno debe y puede aprender algo todos los días). Es importante que aprendas a explayar lo que sabes de bueno y positivo sobre ti, porque siempre hay algo, para así tener una autoestima más fortalecida. Recuerda que es un especie de trofeo que cargas en tu persona, porque estando sobre el planeta, tienes fuerzas personales que te permiten ser, mejorar, sentirte orgulloso de lo que haces cuando debes y, aunque no recibas la medalla de oro de los Juegos Olímpicos, el simple hecho de haber tratado de cumplir, hacer o lograr algo, ya merece un premio.

A continuación, te voy a mostrar algunos secretos que tú mismo puedes ir descubriendo a través de tu signo para abrirle paso a tu propia autoestima, todos los días de tu vida.

Todos los signos tienen lo suyo, y un poco más. Ese poco más es algo de uno de los otros once signos del Zodiaco, porque como dice el antiquísimo dicho popular mexicano: "Todos somos de carne y hueso y un poquito de pescuezo", y de polvo de estrellas. Y cada persona nace bajo el efecto de esa magia cósmica además de su ADN, su tipo sanguíneo, su padre, su madre, su raza y más. Por esto, así como es interesante además de importante conocer tu propio árbol genealógico, también es importante reconocer ciertas características de tu signo.

En una sola carta astral (o horóscopo) existen más de seiscientos datos que calcular —los astrologistas podríamos pasarnos viendo un solo mapa de los astros en relación a una persona durante toda una vida. Y reconocerte de manera Socrática a través de estos datos es el primer gran paso para cubrirte de gloria con abundancia de conocimiento. Además, la combinación de los elementos y la cualidades en cada signo serán siempre de gran ayuda. Esto es como decir, los ojos sirven para mirar y los oídos, para escuchar… juntando ambas cosas, ¡todo se comprende mejor!

A continuación, con cada signo astrológico, viene una lista de personajes de tu propio signo. No están allí al simple azar. Están incluidos para que tú te inspires con ellos… de sus vidas, sus hazañas, sus palabras y sus frases o consejos. A cada uno les costó llegar lejos, y a ti te pueden enseñar algo para mejorar, aumentar y encontrar la abundancia adecuada en tu persona para lucirte como quieras, para mejorar tu autoestima y hacer notar que eres uno de tantos, pero a la vez: **único**.

ARIES
(21 de marzo a 19 de abril)

ELEMENTO: *Fuego*

CUALIDAD: *Cardinal*

COLOR PARA REFORZAR TU AUTOESTIMA: *Rojo*

El elemento Fuego de tu signo te regala actividad, vitalidad y la fuerza de saberte defender verbal y físicamente. De cierto modo este elemento, combinado con tu signo, puede servirte como un especie de elevador espacial, es decir, algo que podría compararse con lo que viene en el futuro, movido por nanotubos de carbón que podrían alzar cualquier cosa fácilmente hasta 62.000 millas (100.000 kilómetros), por la combinación del elemento Fuego con la fuerza de Aries y la cualidad Cardinal.

La cualidad Cardinal representa las cuatro estaciones con que comienzan las cuatro estaciones del año: primavera, verano, otoño e invierno. Puede ser que te suceda que crees que puedes lograr cualquier cosa, y a la hora de tratar de realmente conseguirlo, te pierdes por no planear como se debe. Por eso es importante tener una persona (no te limites, puede ser más de una) a quien recurrir cuando crees necesitar apoyo, aunque por tu signo, a menudo puede ser que pienses que realmente no necesitas a nadie que te apoye... sería una equivocación total.

Toma como ejemplo a algunos personajes conocidos en la historia, y averigua cómo lograron hacer lo que mucha gente consideraba "un imposible", porque ese don lo tienes. Cada uno tuvo su muy personal modo y manera de conquistar sus metas, algo que tú también podrías hacer... toda proporción guardada ¡o quizá hasta mejorada! Piensa en David (el de Goliat), Casanova, Carlomagno, Gabriela Mistral, María Félix, James Patterson, Lady Gaga, Luis Miguel, Akira Kurosawa, Andy Garcia, Gloria Steinem, Aretha Franklin, Elton John, Sarah Jessica

Parker, Chapo Guzmán, Maya Angelou, Robert Downey Jr., Victoria Beckham, Francis Ford Coppola, Vincent Van Gogh, Cesar Chávez, Hugh Hefner, Keira Knightley y René Descartes.

Con tu síndrome de aventura, de pionero y la gran energía que cargas, la confianza que tienes por ser ariano debe florecer en ti en el momento mismo que tu dinamismo le prenda fuego a tu autoconfianza. Existe una manera de medir la autoestima con escala. Se llama la escala Rosenberg y se puede encontrar en la red si la quieres usar. Consta de diez preguntas con cuatro opciones de respuestas (que van desde un "de acuerdo" hasta un "desacuerdo") y un resultado que va del 0 al 30. Al hacerlo, recibí 25 puntos de calificación, y la consecuencia fue escribir este libro… segura de qué tengo que decir y cómo decirlo, pero lejos de considerarme perfecta.

TAURO
(20 de abril a 20 de mayo)

ELEMENTO: *Tierra*

CUALIDAD: *Fijo*

COLOR PARA REFORZAR TU AUTOESTIMA: *Celeste*

El elemento Tierra combinado con la cualidad Fijo es parecido a tener en el alma la totalidad de la canción "Stairway to Heaven", cantado en su época por Led Zeppelin. La canción dura ocho minutos y dos segundos, y tú, Tauro, no necesitas más que eso para ponerte a tono de lo que la vida te pida bajo toda circunstancia. "A veces las palabras tienen doble sentido", dice la canción, y tú puedes encontrar siempre el sentido importante para mejorar y reconocer que ¡SÍ PUEDES lograr lo que quieras!

Además, esta combinación se identifica con ideales, metas y principios. Tu determinación es imponente, siempre y cuando te propongas conseguir, lograr y realizar una cosa. El elemento Tierra te permite construir eso que los psicólogos llaman realismo práctico a granel. Está en ti ver cómo lo quieres usar y guardar. A veces los habitantes de Tauro tienen recuerdos personales familiares que les hacen pensar que no merecen lo que quieren, pero esto en realidad no es más que un deseo infantil de ser apapachado, algo que como Tauro debes poder lograr sin mezclarlo con tu necesidad de sentir el gran poder de tu autoconocimiento, simplemente porque se te regaló cósmicamente.

Una de las cosas que siempre podrá ayudarte es dormir en una cama que TU sientas agradable… ¡hasta las sábanas deben agradarte! Como pasamos cuando menos la mitad de nuestro tiempo en nuestra cama, si no te acomoda o no despiertas descansado, difícil te será recordar que el mejor de todos los signos es el tuyo así como la mejor de todas las personas que conoces, debería de ser tú.

Jiddu Krishnamurti, Florence Nightingale, George Carlin, Jessica Lang, Catherine the Great, Charlotte Brontë, Anthony Quinn, Emilio Estevez, la Reina Elizabeth II, Golda Meir, Sigmund Freud, Stevie Wonder, Vladimir Nabokov, Robert Oppenheimer, Cate Blanchett, Leonardo da Vinci, el papa Juan Pablo II, Al Pacino, Rudolphn Valentino, Orson Welles, Rabindranath Tagore, George Clooney, William Shakespeare, Evita Perón, Penelope Cruz, Balzac, Uma Thurman y Martha Graham, son personajes que no están puestos simplemente porque son del mismo signo que el tuyo. Te los menciono para que busques anécdotas, frases o algo pertinente de sus vidas que puedan servirte como modelo.

Con tu persistencia natal, tu determinación especial, tu inflexibilidad y las ganas que tienes para conseguir lo que crees necesitar, podrás retroalimentar tu autoestima de manera excelsa. Eso sí, necesitas darte el tiempo para comprender y hacer, y después, lograr.

GÉMINIS
(21 de mayo a 21 de junio)

ELEMENTO: *Aire*

CUALIDAD: *Mutable*

COLOR PARA REFORZAR TU AUTOESTIMA: *Amarillo*

Los signos con cualidad Mutable, son llamados también "dobles", por tener más de un rasgo básico en oposición. Crees que eres genial, pero cuando criticado te deshacen fácilmente y puedes deprimirte por nada. Deberías usar ese doblez cósmico para ver cómo todo lo bueno siempre tiene a la vez algo difícil, y todo lo malo siempre trae algo bueno bajo la manga.

Tu elemento Aire es algo que permite que te eleves sobre cualquier dificultad sin que te dejen huellas marcadas. Y si haces lo que todo nacido Géminis debe hacer, que es durante toda la vida tomar clases de lo que fuese (una vez terminado tus estudios, edúcate sin parar, sea como carpintero, ajedrecista, cultivador de rosas o traductor de libros Bíblicos), verás como tus mismos conocimientos te ayudarán a fortalecer una y otra vez tu autoestima.

Intenta identificarte con alguna frase, dibujo, hechicería o momento personal de cualquiera de las siguientes personas: Marilyn Monroe, Anne Frank, Richard Wagner, Naomi Campbell, Alberto Durero (pintor quién hizo un cuadro mágico sobre la melancolía), Heidi Klum, Mario Cuomo, Joseph Haouzi, Claudio Monteverdi, Anderson Cooper, Lenny Kravitz, John F. Kennedy, Thomas Mann, Alexander Pushkin, Joan Rivers, Nicole Kidman, Johnny Depp, Natalie Portman, Maurice Sendak. No dejes de usarlas para autoevaluarte y ponerte en SU lugar.

Mucho podrás aprender con tu espléndida versatilidad, tu elocuencia natural (aunque no lo creas, la tienes) y tu avivado intelecto. Copiando simplemente para comenzar y comunicando cuando te sientas un poco más seguro. La clave para ti es *no* ser inconsistente.

CÁNCER
(22 de junio a 22 de julio)

ELEMENTO: *Agua*

CUALIDAD: *Cardinal*

COLOR PARA REFORZAR TU AUTOESTIMA: *Plateado y blanco perla*

Michael Phelps, el nadador que más preseas ha conquistado en natación de todos los tiempos (incluyendo los de la Grecia antigua) nació bajo el signo Cáncer con un impedimento personal que se llama *síndrome de déficit de atención con hiperactividad* (ADHD, por sus siglas en inglés), un desorden que puede estigmatizar a cualquiera. Por lo mismo, de chico recibía un sinfín de burlas y empujones de sus amiguitos. Yo le aconsejaría a toda madre (hay pocos nacidos bajo el signo de Cáncer que no tengan una relación importante para bien o para mal con sus madres) de hijo de signo Cáncer leer *A Mother For All Seasons*, libro escrito por la madre de Michael Phelps, para aprender y enseñarle a tu hijo a conquistar o reconquistar el mundo que rodea a Cáncer y hacerle saber que lo puede TODO.

La combinación del elemento Agua con la cualidad Cardinal es una que regala la frase: "Vamos a querernos despacito, ni demasiado ni poquito." Si aplicas esta letra a tu vida, te ayudará a que el amor crezca, tu autoestima florezca y, con aguante, a veces más de lo soportable, consigas lo que emocionalmente necesitas.

Alejandro Magno, Amedeo Modigliani, Franz Kafka, George Sand, Meryl Streep, el Dalai Lama XIV, Rubén Blades, Carly Simon, Nelson Rockerfeller, Will Ferrell, Tom Hanks, Marcel Proust, Helen Keller, Antoine de Saint-Exupery, Giorgio Armani, Carlos Santana, Ernest Hemingway y Cat Stevens, todos ellos (y tú, nacido Cáncer) llevan en el alma una gran necesidad de nutrir a los demás humanos, siendo hijos de la Luna, que rige este signo. El mundo es tu hogar, y quien lo habita es tu familia universal.

Gran facultad tienes para proteger a quien quieres... y cuando aprendas a proteger y quererte a ti mismo, tu poder tan intuitivo, que ilumina (a veces demasiado) tu imaginación, te podrá sacar de todo apuro —hasta de congelarte al hablar en público, porque deberías hacerlo con absoluta y total maestría.

No te esfuerces demasiado con una luna llena, déjalo pasar y ponte a meditar cuando puedas en cualquier cosa menos en tus emotivos cambios repentinos.

Leo
(23 de julio a 22 de agosto)

ELEMENTO: *Fuego*

CUALIDAD: *Fijo*

COLOR PARA REFORZAR TU AUTOESTIMA:
 Naranja y oro

Los que nacen bajo el signo Leo pueden ser tan diferentes como si uno fuera venusino y el otro marciano. Vean, por ejemplo, al presidente Obama de los Estados Unidos y el ex presidente Calderón de México (ambos nacidos Leo): uno (Obama) ha hecho lo mejor que pudo, mientras que el segundo ha desbandado uno de los mejores países del mundo.

Leo vive seguro de sus propios valores y principios y, regido por el Sol, los defiende aunque le digan y le comprueben que no tiene razón. Por lo mismo, tu amor propio, la seguridad que necesitas encontrar en ti, es algo que bien harías estableciendo tu propia Pirámide de Maslow para esclarecer la fuerza o las fuerzas que te motivan. Es divertido y juicioso. El Sr. Maslow estudió personalidades tan famosas como

Albert Einstein y Eleanor Roosevelt, así como un gran porcentaje de estudiantes universitarios, dándoles la importancia que él consideraba necesaria para tener un buen nivel de autoestima. La pirámide consiste en lo siguiente:

- Primer peldaño: lo fisiológico (respirar, comida, agua, sexo, dormir, además de ir al baño).
- Segundo peldaño: seguridad (corporal, de trabajo, de recursos, moral, dentro de la familia, en la salud y las propiedades).
- Tercer peldaño: amor y compañía (amistad, familia, intimidad sexual).
- Cuarto peldaño: estimar y estimarse (autoestima, confianza, logros, respeto a los demás, ser respetado).
- Quinto peldaño: autoactualización (moralidad, creatividad, espontaneidad, resolución de problemas, no tener prejuicios y aceptar los hechos).

Esto es algo que no es solamente para Leo, pero siendo Leo el más autosuficiente de los doce signos en apariencia, te lo presento para que te midas, si te atreves, y se lo muestres a quien quieras, sin hacer que a quien se lo muestres se sienta culpable.

Aquí te brindo una lista de personalidades de tu propio signo, pero ten en cuenta que no es para que creas que tienes que ser como ellos, sino para que indagues en la vida de estas personas y personajes y te inspires en sus hechos y/o palabras.: Simón Bolívar, Mata Hari, Andy Warhol, Carl Jung, Javier Vázquez, Napoleón Bonaparte, James Baldwin, Mick Jagger, Dolores del Río, Jennifer Lopez, Martha Stewart, Antonio Banderas, Halle Berry, Cecil B. de Mille, Jerry Garcia, Sam Mendes, Alfred Hitchcock, Louis Armstrong, James Cameron, Madonna y Jacqueline Kennedy.

Dicen que fue el maravilloso astrólogo Dane Rudhyar quien alguna vez dijo algo que no me canso de repetirle a todo Leo: "La esencia de todo Leo es el egoísmo, que bien coordinado es la esencia misma de un alma noble". Así, si tu te sientes noble, ya lograste un 50% del autoestima que mereces. Noble como el roble, como generoso singular con cierta ventaja difícilmente atacable, como la monedita de oro de la canción.

Leo tiene gran suerte y, gracias al cosmos, todos

tenemos a este signo en nuestra carta astral personal, y desde donde lo tengas, allí encontrarás siempre la fuerza necesaria para salir adelante, algo que Leo hace por lo general con brío. Te doy un ejemplo personal: murió mi madre joven, y yo también estaba joven, con treinta y un años y cuatro hijos, a punto de divorciarme. Ella murió repentinamente del corazón y lo único que me consoló fue mi trabajo. De allí agarré la fuerza para reponerme y salir de tanta dificultad, con la ayuda del signo Leo, que abrigaba el lugar de mi horóscopo personal, la décima casa.

Si eres Leo, recuerda que vivir rodeado de lo que realmente te gusta es importante. Cuando estás como debes estar, las aventuras especulativas te intrigan; no dejes de explorarlas. Ve por ellas hasta que te agotes o, por lo mismo, actúa como si ya supieras perfectamente cómo ganar lo que buscas.

VIRGO
(23 de agosto a 22 de septiembre)

ELEMENTO: *Tierra*

CUALIDAD: *Mutable*

COLOR PARA REFORZAR TU AUTOESTIMA:
   Azul fuerte y café

De todos los signos, el tuyo es el que respalda como motivación absoluta el autoestima. Esto no quiere decir que eres quien mejor se siente consigo mismo, pero sí implica el hecho de que siendo quien más critica de los doce signos, tendrás que encontrar el modo y la manera de saberte seguro de lo que haces para soportar las altas y bajas del diario deambular. Y para esto, lo más importante para Virgo es lidiar con una hostilidad flotante cuando las cosas no suceden como tú planeabas. El dicho de John Lennon debería ser personalmente tuyo: "La vida es lo que te sucede, mientras tú planeas otra cosa".

Usain Bolt (el hombre más rápido del mundo, ganador de los Juegos Olímpicos de 2012), Jorge Luis Borges, Rocky Marciano, Tim Burton, Rachel Ray, Sean Connery, José Feliciano, Gloria Estefan, Dr. Phil,

Salma Hayek, Everardo Gout, Oliver Stone, la Madre Teresa, Clara Schumann, Thalía, Louis XIV (el Rey Sol), el poeta Goethe, Michael Jackson, Greta Garbo, Mickey Mouse, Leo Tolstoy, Stephen King, todas estas personas tienen una veta de autoestima bastante grande, así como la deberías tener tú, pues tu signo astrológico, regido por Mercurio, te da voz y voto para *celebrarte.*

Virgo lleva su capa del elemento Tierra y su cualidad Mutable. Dichosos. Es una combinación que puede adaptarse cuando quiere y, si tiene aunque fuese un 45% de autoestima en su alma, se sale de todo embrollo, compone todo momento, mejora todo alimento y logra abrirse paso en este mundo difícil.

Te harías un gran favor si tienes a mano dónde escribir cada vez que recuerdes una de tus razones, búsquedas, pesares, amores y corazonadas, porque cada día se ilumina con algo. Y el recordar con el tiempo esos algos siempre formará parte de tu autoestima, ya que encuentras modos y maneras de salir ganando a la larga de manera muy sui géneris.

Es importante que sigas una dieta adecuada, porque los malestares estomacales y las molestias por el mal comer pueden hacerte perder fuerza personal, y te puede afectar la autoestima. Recuerda, por favor, que la comodidad personal nada tiene que ver con tu autoestima. Es más, tus *logros espirituales* son los que te ayudarán a encontrarte victorioso en la llamada autoestima. En otras palabras, nada que ver con el narcisismo y todo que ver con tu vida personal.

LIBRA
(23 de septiembre a 23 de octubre)

ELEMENTO: *Aire*

CUALIDAD: *Cardinal*

COLOR PARA REFORZAR TU AUTOESTIMA: *Índigo*

Libra, de elemento Aire y cualidad Cardinal, es y será siempre iniciador, es aquel o aquella persona quien se atreve a activar cuando lo siente realizable, y quien lanza las palabras al viento para que a la vez se reproduzcan y sean escuchadas. Los demás, que no tienen la suerte de haber nacido bajo este signo, deben recordar y tomar en cuenta que todos tenemos a todos los signos del Zodiaco en nuestro horóscopo personal.

Libra se haría un favor si se atreve a indagar en el budismo. No te estoy diciendo que necesitas convertirte, pero sí aprovecha y descubre lo que esa manera de presentarte ante el mundo puede ofrecerte. La palabra *nirvana* debe ser estudiada para incluirla en tu vocabulario, sin temor.

La gran mayoría de los mencionados en la siguiente lista mucho tuvieron que ver con mejorar algo del mundo, tanto personal como para bien de los demás: Graham Greene, Ray Charles, Sting, Julio Iglesias, Gore Vidal, Linda McCartney, Oscar Wilde, Susan Sarandon, Bob Geldolf, Kate Winslet, Will Smith Jr., T. S. Elliot, Desmond Tutu, Giuseppe Verdi, Serena Williams, Brigitte Bardot, Marcello Mastroianni, Hannah Arendt, Mickey Mantle, Miguel de Cervantes, John Lennon, Mahatma Gandhi, Alfred Nobel (del premio Nobel), Bruce Springsteen, Le Corbusier y Catherine Zeta-Jones. Úsalos como ejemplo.

Construir un mejor concepto de ti es la continuación del concepto filosófico de Sócrates, quien (como Confucio también) decía que una vida sin autoconocimiento e indagar en ponderarse no valía la pena ser vivida. Más recientemente, a finales del signo XIX, William James nos presentó su obra *Prin-*

cipios de psicología, dentro de la cual estudia a "uno mismo, conocerse y el autoestima", y de allí, nace la curiosidad para conocerse y aumentar el autoestima personal, para poder finalmente decir: "Lo hice, lo dije, lo presenté... lo acabé y les impresioné", sea una respuesta, una palabra, un discurso o una obra de arte, una tesis o una idea, "y me quedó... paaaaaaaaaaaadre".

ESCORPIÓN
(24 de octubre a 22 de noviembre)

ELEMENTO: *Agua*

CUALIDAD: *Fijo*

COLOR PARA REFORZAR TU AUTOESTIMA: *Rojo oscuro y castaño*

He dicho quizá demasiadas veces que el signo Escorpión es mi preferido, pero en realidad, depende del día y las fases de la Luna, aunque lo que sí es cierto es que los nacidos bajo este intrigante signo astral merecen, en especial, todo mi respeto, porque Escorpión tiene aguas muy profundas. Y a menudo les cuesta trabajo navegarlas. Buscas exaltar tu propio individualismo para poder fundirlo en absoluta unión con tu pareja o con tus propios intereses y creencias, y así poder construir "conjuntos", aunque estos conjuntos frecuentemente solo tú los comprendes. Además, Escorpión no gusta de dar explicaciones, y esto es quizá por la combinación de tu elemento, Agua y tu cualidad, Fijo.

Como Escorpión quieres mejorarlo todo y naciste con ganas de organizar lo que puedas de la mejor manera, con respuestas que por lo general casi siempre son una descarga de energía propia. Bien harías en buscar inspiración de algunos de los famosos aquí presentados bajo tu signo: Carl Sagan, Lucky Luciano, Pablo Picasso, San Agustín, René Magritte, Richard Burton, Voltaire, Silvia Plath, Doménico Scarlatti, Charles Atlas, P. Diddy Combs, Paul Simon, Sam Shepard, Hillary Clinton, Indira Gandhi, Bill Gates, Ted Turner, Jodie Foster, Larry Flint, Marie Antoinette y José Gorostiza. Todos pueden marcarte pautas, que si sabes comprender, puede ayudarte a integrar tu manera de ser y pensar en un orden cósmico comprensible para los demás, en lugar de que te tengan algo de miedo, a veces pasión y de vez en cuando precaución.

Eres suertudo, pues por tu elemento apareado con tu cualidad, reúnes tus experiencias y las fijas como parte de tu muy personal persona. Perseveras y, así, te distingues por la intensidad de tu capacidad para activar lo que necesitas. Algo que debes siempre recordar, repetirte y usar para mejorar tu autoestima, que puede, para algunos Escorpiones, ¡impresionarte a ti mismo!

Tus relaciones se transparentan al mirar tus relaciones emocionales que son un reflejo (casi siempre) de tu propio autoestima. De todos los signos del Zodiaco, el tuyo es el que más debe comprender que si tienes problemas emotivos, es por la satisfacción que tú mismo encuentras en tus propias relaciones. Todos saben que puedes ser sigiloso y resentido, pero si esas dos cosas las pones a buen uso para reacomodar tus prioridades, te estarás haciendo un gran favor. Tienes la enorme capacidad de avivar a quien tengas enfrente con tu magnetismo imponente, siempre y cuando aprendas a no sacarlos de quicio a la vez, por insistir en tu razón, que no siempre es la de quien tengas enfrente. Un secreto personal es tu capacidad (tu *gran* capacidad) de buscar y encontrar lo que necesitas. Y si aprendes a hacerlo convenientemente, no hay quién te pare… ¡tu autoestima te colmará de favores! Verás que tu mismo te sorprenderás.

La autoestima ha sido incluida en una de las cuatro dimensiones de la autoevaluación, que son: control, neuroticismo, eficacia y autoestima. Y tu, Escorpión, deberías autocalificarte cada vez que puedas.

SAGITARIO
(23 de noviembre a 21 de diciembre)

ELEMENTO: *Fuego*

CUALIDAD: *Mutable*

COLOR PARA REFORZAR TU AUTOESTIMA:
Púrpuras encendidas

Fíjate bien, Sagitario, en la combinación tan especial que tienes simplemente por haber nacido bajo tu signo: Fuego y Mutable. Es decir, renovación cuando se te ocurra y un poder personal de estabilizar tus hazañas. Los cuatro acuerdos de la sabiduría tolteca, de los trabajos del Dr. Miguel Ruiz, pueden haber salido de tu signo:

1. No suponer.
2. Honrar tus palabras.
3. Hacer siempre lo mejor que puedas.
4. No tomar NADA personal.

Tu signo es el único de los doce regalos cósmicos (así llamo yo a los signos del Zodiaco) que ilustra un ser mitad humano y mitad animal, tirando una flecha hacia las estrellas, algo que te permitirá siempre querer superarte. Y si en esa superación incluyes tu autoestima, con tu flecha mágica, llegarás muy lejos.

Quien sino tú, está rodeado de tanto personaje interesante, comenzando por Ludwig van Beethoven a quién deberías de escuchar cuando te encuentras enloquecido, acorralada, fuera de tono, desesperada, confundido o simplemente meditabundo.

Tu autoestima depende mucho de la calma interior que puedas encontrar porque vives con la necesidad de ampliar tus horizontes (siempre) para así usar tu gran capacidad humana y tu búsqueda de aventuras, algo que a veces inhibe tu gran capacidad intelectual.

Entre las personas de tu mismo signo de las que puedes aprender algo o te pueden servir de inspiración se encuentran: Scarlett Johansson, Diego Rivera, Mark Twain, Elena Garro, Walt Disney, Rudyard Kipling (te recomiendo tener en casa su poema "IF" ("SI?") para leerlo de vez en cuando), Lope de Vega, Salvador Díaz Mirón, Edith Piaf, Edvard Munch, Frank Sinatra, Tycho Brahe, Jamie Foxx, Andrew Carnegie (de Carnegie Hall), Tina Turner, Eugène Ionesco, Bruce Lee, Robert Hand (gran astrólogo), Jane Austen, George Santayana, Margaret Mead, William Blake, Steven Spielberg, Brad Pitt, Christina Aguilera, Kenneth Branagh, Arthur C. Clarke y Horacio (el poeta romano). Este último, entre muchas cosas, dijo para Sagitario: "Quién haya comenzado, ya hizo la mitad".

Atrévete a ser sabiondo y comienza, pues, Sagitario, a creer en ti, porque al hacerlo, aunque sea poco a poco o a grandes pasos, estarás construyendo justamente lo que haces bien: ir al meollo del asunto. Limitarte no es lo tuyo.

El optimismo te pertenece, algo que debes re-

cordar. Tus dones filosóficos apareados con los inte-
lectuales los puedes encontrar dentro de una semilla,
haciendo una caminata o en tus estudios profundos.
Para ti, todo es aprendizaje. Delinear tu propio ser
sobre una hoja de papel es algo que debe proporcio-
narte clarividencia para mejorar tu autoestima, siempre y cuando no uses el lado irresponsable o
superficial que Sagitario puede esconder.

Para tu información personal, dicen que el
mismo Sócrates nació bajo el signo de Tauro, con su
Luna en Sagitario, lo que podría indicar que emocionalmente puedes superarlo todo.

CAPRICORNIO
(22 de diciembre a 20 de enero)

ELEMENTO: *Tierra*

CUALIDAD: *Cardinal*

COLOR PARA REFORZAR TU AUTOESTIMA:
Verde oscuro y negro

Es importantísimo para ti, Capricornio, comprender que entre más transcurre tu vida, mas te vas despertando y más benéfico es tu despertar. Por lo mismo, si tardas un poco más en darte cuenta de quién eres y hasta dónde eres capaz de llegar, poco importa, porque cuando tengas suficiente autoestima, no habrá quien te quite del camino.

Y si no me crees, mira un poco las vidas de Mao Tse-tung, Aristóteles Onassis, Marlene Dietrich, Pablo Casals, Isaac Newton, Lorenzo de' Medici (patrono de artistas de su tiempo y de astrólogos a la vez... algo que tú, en la medida de tus capacidades, siempre podrás hacer), Benjamin Franklin, Cicerón, Juana de Arco, Elizabeth Arden, Paul Revere, Howard Stern, Michel de Nostradomus, J. D. Salinger, J. R. R. Tolkien, los vampiros (casi todos), Martin Luther

King, Jr., Johannes Kepler, David Bowie, Muhammad Ali, Joe Frazier, Elvis Presley, Denzel Washington, todos ellos de elemento Tierra y cualidad Cardinal, como tú.

Tu meta en la vida debe ser siempre tus muy privados y personales propósitos —tres palabras que podrías tatuar en tu alma, tu cuerpo o simplemente colgar en algún lugar de tu casa para que no cejes en usarlas: *Mis propios propósitos*. Claro, pueden cambiar, pero siempre debes tener eso en el primer lugar de tu ser.

Capricornio nace con una buena habilidad ejecutiva, y tus facultades deben ayudarte a volver tus propios ideales en ciertas y maravillosas realidades. Un paso para adelante, equivale a más autoestima. Un logro más equivale a más autoestima. Un aplauso y sigue tu mata dando.

No hagas caso de tu ansiedad o tu fobia hacia lo social, y si te es posible, busca, toma o indaga en psicología sencilla —cualquier libro sobre el asunto que te parezca de fácil lectura y no te enrede con la idea de que no comprendes lo que te dice tal o cual lectura. Existen veintiocho rubros relacionados con el autoestima, que no vale la pena plasmar aquí, porque tú quizá tengas los tuyos, que serán tan personales como los de cualquier otra persona. Sí es meritorio mirar un poco en tu niñez, para asegurarte que nadie te haya hecho sentir que eres menos que otros. Recuerda que creían que Einstein tenía un retraso mental cuando niño porque no comenzó a hablar hasta los cuatro años. No era de tu signo, pero conviene que sepas su historia. Tu signo es el que nos permite a todos (porque todos tenemos a todos los signos en nuestro horóscopo personal) aceptarnos a nosotros mismos como somos. Evalúate, y no te conformes, ¡aunque tengas todo lo que quieres y te creas perfecto!

ACUARIO
(21 de enero 21 a 18 de febrero)

ELEMENTO: *Aire*

CUALIDAD: *Fijo*

COLOR PARA REFORZAR TU AUTOESTIMA: *Turquesa y morado (y los colores del arcoíris todos juntos)*

Con solo poner a Federico Fellini en tu lista de acompañantes de signo sería suficiente. Pues tú, Acuario, vives en otro mundo, y en quien más puedes confiar siempre será quién debe ser tu mejor amiga: tu propia intuición. A tu intuición ponle nombre. Bautízala para que sepas a quién llamar cuando dudes. Aunque a veces, equivocada, esa misma intuición está iluminada, simplemente porque naciste Acuario, y qué buen regalo nos dio el cosmos regalándonos a todos el tener este mismo signo en algún lugar de nuestro horóscopo personal.

De elemento Aire y cualidad Fijo, eres el adivino del Zodiaco, pero al mismo tiempo no te sobrepongas y creas que no puedes equivocarte, porque es a través de tus equivocaciones y fallas que aprendes más.

Wolfgang Amadeus Mozart (quien debe acompañarnos a todos cada vez que se pueda, ya que está comprobado que estudiar con la música de este genio aviva el cerebro), Abraham Lincoln, Bill Maher, Galileo Galilei, Ronald Reagan, Rubén Darío, Shakira, Jules Verne, Norman Mailer, Carlos V, Zhang Ziyi, Phil Collins, James Joyce, Peter Gabriel, James Hoffa, Susan Sontag, Yoko Ono, Matt Dillon y tú (si naciste Acuario) necesitan aprender a alimentarse con su gran capacidad de concentración que a veces pierden.

Tus frecuencias personales son bastante diferentes a los de aquellos de los otros once signos del Zodiaco, y por lo mismo, cuando aprendas a superar lo que sea que detenga tu propio desarrollo individual, tu primer paso hacia el éxito, la medida de tu autoestima comenzará no solamente a subir, pero a ser reconocida, primero por ti, y después por los demás. El mejor juez de Acuario siempre serás tú mismo, si naciste Acuario. Tu independencia es primordial, tu honestidad debe siempre ser resguardada y tu impredecible manera de ser y actuar debe ser controlada por ti.

Recuerda: siempre que te encuentres peleando o protegiendo una causa, tendrás a la mano la facultad de mejorar tu autoestima.

PISCIS
(19 de febrero a 20 de marzo)

ELEMENTO: *Agua*

CUALIDAD: *Mutable*

COLOR PARA REFORZAR TU AUTOESTIMA: *Lavanda
y los colores del mar*

Piscis es el último signo del Zodiaco por una razón específica —lo tengo escrito en todos y cada uno de mis quince libros— porque es importante saber y reconocer el porqué. Es el signo que se reconoce como el *milagroso aprovisionador*. Representa las ganas, el derecho y la razón de querer seguir adelante ante todo, hagas lo que hagas o seas lo que seas. Tu gran sensibilidad es parte de la belleza del cielo, y mirarlo, admirarlo y ser verídico contigo mismo te ayudará a mejorar tu propio entorno. Como ejemplo difícil, hay varios pisceanos quienes yendo a una buena terapia lograron dejar de beber, y se quedaron ayudando a quienes están en las mismas condiciones, con excelentes resultados.

El escapismo es tu peor enemigo, y enfrentarte a esto es el mejor primer, segundo y tercer paso para autoregalarte una autoestima excelente. Comprobado.

Victor Hugo, Antonio Machado, Elizabeth Taylor, Benito Juárez, Gabriel García Márquez, Albert Einstein, Bruno Traven, Ralph Nader, Michelangelo Buonarotti, Nicolás Copérnico, Frédéric Chopin, Nina Simone, Anaïs Nin, Antonio Vivaldi, Lou Reed, James Taylor, Quincy Jones, George Washington, George Harrison, Queen Latifah, Bobby Fisher, Juliette Binoche, Spike Lee y todo lo que aparezca imaginativo, sensitivo, amable, escapista, vaga y fácil de convencer tiene que ver con este delicioso signo, constituido del elemento Agua al lado de la cualidad Mutable.

Esta combinación ayuda a que, como Piscis, tus sueños pueden hacerse realidad, misteriosamente. Y, cuando te pierdes en el amor, en la calle, en la bebida o en otra cosa, puede ser que te estés haciendo un gran favor, porque así logras sentirte no solamente capaz de reponer cualquier daño o mejorar toda situación, sino que merecedor de imponerte, imponer algo o mostrar que sabes ser ciudadano del mundo.

Piscis ama a su prójimo porque sabe que él o ella es el propio prójimo, y eso te da como resultado ser el reconocedor número uno de tu propia autoestima.

Y por eso, a la vez, frecuentemente te cuesta trabajo mostrarla (tu autoestima) porque te da pena mostrar todo lo bueno y fuerte que eres. Piscis, atrévete cada vez que puedas a mostrar que tu autoestima es algo que crece día a día. Date importancia, acepta los tropiezos y no permitas que te usen de tapete bajo ninguna circunstancia.

Si te interesa saber más sobre tu propia carta astral, existen varios sitios gratis que pueden calcular tu horóscopo personal o ayudarte a comprender más sobre esta, mi santa profesión, la astrología. Mientras, te regalo otra herramienta, una cita sabia para aplicarla a tu vida, seas del signo que seas, y así seguir mejorando tu autoestima:

"Tú mismo, al igual que cualquier otra persona de todo el Universo, mereces TU amor y cariño".

—GAUTAMA SIDDHARTA,
FUNDADOR DEL BUDISMO
(563–483 A DE C.)

SEGUNDA PARTE

Lo bueno y lo malo de cada día

Estoy de buenas...
Estoy de malas

"Dos hombres miran las mismas huellas,

Uno no ve más que lodo,

El otro ve un camino hacia las estrellas".

—A. F. LANGBRIDGE

Estar de buenas o de malas tiene mucho que ver con los astros, tu horóscopo personal y la Luna. Y claro, aparezca o desaparezca de tu vida, pero también tiene que ver con el optimismo y el pesimismo, y no olviden nunca lo que dijo el gran pensador y ensayista, apodado "el Sabio": "Estamos aquí y es ahora. Mas allá de esto, todo conocimiento es luz de Luna".

Un solo año tiene 31.5556.926 segundos, y si podemos llenar de momentos agradables aunque fuera una cuarta parte (con esfuerzo personal), tanto mejor. En un segundo pueden pasar muchas cosas: los caracoles tardan un segundo en moverse para evitar que les caiga una gota de lluvia en un segundo, pero una abeja mielera bate sus alas doscientas veces en un segundo... Cada segundo (diariamente) nacen dos niños en algún lugar del mundo. Y en un segundo nuestro planeta Tierra recibe 48.600.000.000 kilovatios de energía solar.

Un segundo no es nada, y lo puede ser todo... y el espacio intermedio de todo y nada es lo que tú puedes llenar para reforzar el lado bueno del día, si amaneces "de malas", o echarlo a perder, si dices o haces una injusticia.

Para ponerte de buenas si estas de malas no es tan difícil, porque lo que más importa es que *tú* lo quieras hacer. Tienen que ver (los humores) con tu propio y personal cargamento de optimismo y de pesimismo, y ambas cosas tienen signo astrológico: Leo (optimismo) y Capricornio (pesimismo). Basta ver adónde tienes ambos signos dentro de tu horóscopo personal o solar y tendrás desde dónde escoger y por dónde comenzar. ¡Y vaya que sí ayuda!

No te prometo que diariamente estarás levantándote como colibrí, con el encanto de Angelina Jolie ni envuelto dentro de una felicidad impresionantemente perpetua. Pero sé que siguiendo unos consejos cósmicos, usando lo que ya traes simplemente por haber nacido bajo uno de los doce signos del Zodiaco, podrás mejorar cualquier día o, en su defecto, afrontar lo que venga sin sentirte perdido.

Comencemos con lo fácil, lo contrario al pesimismo —el optimismo en tu signo:

- Para Aries, con tener algo intangible, tú decides.
- Para Tauro, siempre puede ser encontrado en compañía de buenos amigos.
- Para Géminis, lo traes en el alma, pero tienes que encontrar tu propia manera de describirlo, verbalmente por favor.
- Para Cáncer, lo encontrarás haciendo algo personalmente de acuerdo con tus deseos y/o esperanzas… el tamaño no importa.
- Para Leo, tiene que ver con tu don de mando, de manera convincente y bondadoso.
- Para Virgo, tiene mucho que ver con haber encontrado refuerzo en Buda, la meditación, el sufismo o alguna filosofía fuera de lo común.
- Para Libra, se fortifica cuando domines, sutilmente, tu propio psique, tu salud

emocional y las experiencias que controles.

- Para Escorpión, lo debes dominar en el área de tu profesión, las cantidades poco importan, el esfuerzo es lo que llena tu espíritu.
- Para Sagitario, es lo que sueltas cuando no tienes que mentir, aunque los psicólogos nos digan que mentimos de alguna manera por lo menos cuatro veces al día. Así, podríamos decir que para ti, Sagitario, estar en paz con tus propias mentiras te hace bien.
- Para Capricornio, tiene que ver con explorar. Haz la prueba y verás.
- Para Acuario, mientras más personas optimistas conozcas, mejor para el encuentro del tuyo, siempre y cuando lo uses con cuidado, para apaciguar algo de tu furor personal.
- Para Piscis, tú confundes a veces las ganas de ser optimista con ser realista, y tu realismo puede apagar tu optimismo.

Mercurio
de malas

Ahora, en cuanto al pesimismo, algo que deberíamos tratar de evitar, hay que tener en cuenta lo siguiente. Mercurio a veces hace algo que se llama "movimiento en retroceso", lo cual nos afecta a todos en menor o mayor grado, y nos puede hacer sentir que todo está en contra nuestro. Cuando esto sucede, lo mejor que puedes hacer es culpar al cosmos en lugar de tomar decisiones importantes de las cuales podrías arrepentirte después.

Mercurio retrógrado

2014	2015	2016
6 al 28 de febrero	21 de enero al 11 de febrero	5 al 25 de enero
7 de junio al 1 de julio	18 de mayo al 11 de junio	28 de abril al 22 de mayo
4 al 25 de octubre	17 de septiembre al 9 de octubre	30 de agosto al 21 de septiembre

Si durante estas épocas te llenas de pesadumbre o malestar personal, ocúpate de limpiar tus clósets, tira lo viejo y observa tus perspectivas internas sin tomar grandes decisiones.

Maya Angelou dice algo que todos debemos tener en cuenta siempre: "He aprendido que las personas olvidarán lo que dices, la gente olvidará lo que has hecho, pero nadie olvida como los haces sentir". Y cada uno de nosotros, de acuerdo a nuestro signo, tenemos una debilidad que nos hace sentir más pesimista o más optimista que los demás, aunque, *ojo*, tu ascendente tiene mucho que ver con tu persona, y para saber tu ascendente necesitas saber la hora en que naciste. Búscalo en la red, para estar mejor preparado para enfrentar cada uno de tus días.

Un buen y mal día en tu signo

Yo digo que lo más importante para poderte relacionar con el mundo que te rodea es sentirte bien contigo mismo bajo toda situación. Seguramente habrán algunos días en que por una misteriosa razón te despertarás de malas. Todos tenemos días pesados como esos, y ayudarse a mejorarlos es algo que traemos en nuestra persona, al igual que llevamos en nosotros el acceso directo al libre albedrío.

Como bien dijo Oscar Wilde: "Vivir es la cosa más extraordinaria en el mundo. La gran mayoría de la gente, existe, simplemente". Te levantes de buenas o de malas, estar vivo siempre será mejor que la alternativa.

ARIES
(21 de marzo a 19 de abril)

De buenas

Aries se prende fácil en un buen día o en uno malo. Pero de cierta manera te es más fácil mostrar tu lado enojado que el amoroso, y cuando cruzas la raya, hieres sin saber hasta qué grado. Por eso, cada vez que te levantas de buenas, es porque te gana la energía positiva. Aprovecha tu estado de ánimo para cruzar todo el día con el interés y el entusiasmo que tu signo del Zodiaco merita y sabe gozar.

De malas

Cuando de malas, Aries, demasiadas veces pierdes autoconfianza y eso te hace enojar aún más. Debes hacer ejercicio, diariamente, si puedes. Y si ese ejercicio es un reto personal, mejor aun. Conociéndote, tenemos (todos los que no somos arianos) que permitirte creer que te sales siempre con la tuya, sin ayuda. Y, cuando estás enojado, pedir consejo o ayuda no es lo indicado. Cuidado con la violencia y aprende a pedir perdón.

Pero, si puedes, Aries, cuando sientas que las cosas no funcionan como quisieras, te harás un gran favor si en lugar recuerdas las palabras de Don Quijote, quien recomienda que "la locura de querer ser yo", se reponga poniendo en ese mismo lugar o situación, "la locura de querer que seas como yo". Es decir, pasa a otra cosa, de la mejor manera posible.

TAURO
(20 de abril a 20 de mayo)

De buenas

Cuando estás de buen humor, y la vida te sonríe, no hay nadie que te supere, por el simple hecho de que eres el regidor de los cinco sentidos y, por lo general, los sabes repartir maravillosamente. Sin embargo, tu signo tiene cualidad Fijo, y eso significa que te cuesta trabajo cambiar de parecer, sea que estés de buenas o de malas. Por lo mismo, cuando estás de buenas, reina la alegría y la felicidad, pero de malas... mejor lee el siguiente párrafo.

De malas

Cuando te levantas de malas, ni tú te entiendes. Tú mismo te sorprendes con tus propios enojos, que pueden convertirse en furias y que a veces te llegan como tormentas inesperadas. Y allí sí, pareces toro, capaz de hacer cosas que ni tú comprendes. El ser acusado de algo que no has hecho te enfurece, y cuando alguien te cae mal por algo que decides no tendría que haber hecho, difícilmente perdonas.

Yo *siempre* les pido a mis queridos nacidos en el diligente Tauro que practiquen alguna forma de meditación para ponerse al tono con el mundo que los rodea, porque Tauro, tú de malas frecuentemente sientes que absolutamente *nadie* te comprende, y te desquitas haciéndote a menudo más daño a ti mismo en lugar de desquitarte como crees poder. Cierto es que a veces desquitarse es delicioso, pero hay que saber cómo, cuándo y dónde, especialmente cuando naces bajo este signo.

Todo Tauro hará bien en tener el libro *La historia de Ferdinand* (sobre un toro que quería ser diferente). Tauro, con buenos modales dominarás tu mal humor porque así sentirás que dominas el mundo... cosa buena para ti.

GÉMINIS
(21 de mayo a 21 de junio)

De buenas

Por lo general, la gente cree que la canción "Fallaste corazón" (cantada por Pedro Infante mejor que nadie) —que comienza con un grito que dice, "Y tú que te creías el rey de todo el mundo"— está dedicada a alguien de signo Leo, por aquello de que *te creías el rey de todo el mundo*, pero en realidad esta canción ranchera tiene que haber sido escrita para hacerle sentir a alguien de signo Géminis que quedar mal sí duele. Porque los nacidos bajo este signo no nacieron para hacerse perdonar ni dejar de creer que se merecen el reinado de lo que fuera. Y, quizá, tengan razón. No porque se equivoquen menos, pero porque las personas nacidas Géminis tienen, por lo general, una buena estrella que les permite salir sin duelo de la gran mayoría de las ocasiones en que se equivocan o hacen daño. Géminis frecuentemente está de buenas, o por lo menos, cuando está de malas se le hace fácil cambiar de tema, de posición o de humor. A veces, lo dicho por Groucho Marx te va como anillo al dedo: "Estos son mis principios, y si no te gustan… pues… tengo otros". Así, tu dualidad mercuriana inherente te permite ladearte de buenas, salvo que los astros te lo impidan.

Eres la persona adecuada para estar presente y calmar enojos, siempre y cuando no estés involucrada. Tu diplomacia es impresionante, y para seguir amaneciendo de buen humor, conversa, lee, estudia, usa tu cerebro. Si te es posible, toma clases de algo, de lo que sea, durante toda tu vida. Es más, tener un diccionario de actividades en casa siempre te hará bien.

De malas

El planeta Mercurio rige tu signo, y cuando está de malas el planeta en sí (esto sucede cuando se encuentra en su movimiento retrógrado), a los nacidos Géminis, su enorme capacidad de alegrar al mundo se bloquea. Por lo mismo, busquen en la página 85 la lista de temporadas que podrían hacerte la vida algo difícil simplemente porque los astros así lo proponen. Saberlo puede realmente cambiar tu mal humor por algo constructivo.

Perdiendo la calma, no escuchas razón, y eso puede convertirse en algo peligroso si no aprendes a dominar tu furia. Recuerda que tu agresividad puede ser calmada con tu gran facilidad para seducir.

CÁNCER
(22 de junio a 22 de julio)

De buenas

Al nacer bajo el signo Cáncer, te dejas llevar por tus emociones, seas Alexandro Magno o Julio César (ambos de tu signo), escribas como Kafka, pintes como Frida Kahlo o hagas música como Ringo Starr o Rubén Blades. Cáncer es regido por la Luna y ella se pone de acuerdo contigo para que resuelvas tus emociones que pueden cambiar en un nanosegundo. Sientes que todos los sinónimos de tu signo son tuyos, incluyendo ser fascinante, tener el don del convencimiento y llenar tu ser con tus vivencias de manera positiva. Por lo mismo, te conmueves, te impresionas, te compadeces, vibras, alucinas, te disgustas, te estremeces, te sacudes, das vuelcos, te lamentas, te afectas y te emocionas con otros doce sinónimas cuando de buenas y cuando de malas.

Un gran astrólogo polaco, el Sr. Mason, me dijo hace muchos años que, como cancereana que soy, cuando me encontrara muy emocionada teniendo que tomar una decisión (de buenas o de malas), que esperara que cambiara la Luna de signo en su rápido deambular alrededor de nuestro planeta para pensar acertadamente.

Me ha eliminado muchos dolores de cabeza recordar esto, y te lo recomiendo. Lo único que necesitas es el calendario lunar del año. Existen de todos tipos y tamaños. Tu tolerancia puede ser a menudo impresionante. Yo te recomiendo que, como decimos en México, "No te dejes, especialmente cuando de pendejadas se trata".

De malas

Cáncer no olvida los males que le hacen, ni tampoco deja pasar una maldad, grosería o falla de quien ama, y sabe hacerle la vida de cuadritos cuando está de malas, sin cuidado.

Te acuerdas de la frase siguiente cinematográfica: "*You talking to me? You talking to me?*" (que significa, "¿Me estás hablando a mí?"). Lo repite tres veces, y es una de las frases más comentadas y conocidas del cine a nivel mundial, de la película *Taxi Driver*. Pues, Robert de Niro, el actor, es de signo Leo, pero su ascendente es Cáncer, y en todo horóscopo existen tres puntos energéticos importantes: el signo solar, el ascendente y la Luna. Sin embargo, el director de la película, Paul Schrader, sí es de signo Cáncer. Tú, cancereano, debes tener en una caja de Pandora un número importante de frases y de posibilidades para mejorar tu día, aunque la Luna no te ayude. Eso sí, un secreto, no te es tan fácil llorar, y llorar frecuentemente puede sacarte de apuros cuando tu enojo es demasiado y no encuentras palabras, algo realmente difícil para ti. Bien harías en buscar que te pidan perdón. Y bien harías tú en aprender a pedirlo, pero nunca durante una Luna llena.

LEO
(23 de julio a 22 de agosto)

De buenas

Tengo un recuerdo que recurre en mis sueños, y lo recuerdo como si hubiera pasado ayer. Hace unos años, de vacaciones en París, Francia (allí vivía una tía y pasé varios años de estudiante pobre), era yo ya astrologista para quien quería, pues aun no era astrologista profesional (es decir, no cobraba) y aun no escribía. Recurría a mí, quien me encontraba. Dos mujeres, ambas sufrían con lágrimas amargas y ambas eran de signo Leo, además las dos acababan de sufrir la pérdida de su marido y durante una semana, usamos un café en el Boulevard Saint Germain como lugar de reunión, cada una a su hora, como si fuera una oficina. Una había perdido a su marido porque se había ido con otra, y decía, "Me hubiera sido más fácil si se hubiera muerto". Mientras que la otra, quien había perdido su marido porque había muerto repentinamente en un accidente, decía que hubiera sido más fácil si "se hubiera ido con otra mujer". De esto hace varios años, y ambas ya tienen nueva vida, porque a pesar de todo, las ondas cósmicas sí tienen mucho que ver con el destino de cada uno de nosotros. Lo incluyo en la parte positiva de Leo por el simple hecho de que lo que más le duele a una persona de este signo es no ser regente de su propio destino. Y eso es algo que nos sucede diariamente porque, como dijo John Lennon una vez: "La vida es lo que te sucede mientras tú planeas otra cosa".

Leo, te harás un gran favor si llevas puesto una

cadena de oro. El oro no es solamente tu metal, sino que te atrae lo bueno y la energía para aguantar eso que nos sucede mientras planeamos otra cosa. Dicen de los nacidos bajo tu signo que no te importa las opiniones de los demás, salvo si te convienen, pero tienes una gran capacidad de perdonar si la imagen que tienes de ti mismo te gusta. Y, si no te gusta, busca una terapia que te ponga en el camino que más te haga disfrutar quien eres.

De malas

Leo, de malas, te desquitas contigo o con quien se deje, y para enderezarte, según tu posición, necesitas rugir. Ruges a menudo diciendo cosas bastante desagradables y ruges culpando a otra persona, con arrogancia, y esperando que quien se deje sea tu servil incondicionado. Acuérdate que el *libre albedrío* siempre se impone, pero tú debes haber comprendido desde temprana edad que cuando no eres leal, valiente, generoso, digno, magnánimo y orgulloso, eres todo lo contrario, salvo este último. Porque orgulloso, siempre eres, y siempre debes ser.

Cuando en dificultades, sin saber qué hacer, ir

a un lugar donde haya sol y calor siempre repondrá tu ego y tus neuronas inteligentes, que son muchas. Y dime, ¿hace cuánto que no vas a un museo? Pues es algo que Leo debe hacer entre Luna nueva y Luna nueva, o sea, doce veces al año. Has la prueba.

VIRGO
(23 de agosto a 22 de septiembre)

De buenas

Virgo de buenas puede ser tan sensible que creemos que estamos ante la única persona en el mundo que nos comprende. Hasta que lo hartas, la hieres, te equivocas y resulta que dejas tiradas las cosas por todos lados. Si eres Virgo y haces esto, necesitas psicoanalizarte porque va totalmente en contra de tu propio signo, y si vives con Virgo y te acusa de ser desconsiderado, desinteresada o que no sabes organizar nada, su aparente buen humor puede convertirse en desprecio, así que cuidado.

Cierto es que las mejores editoras (han sido dos) que he tenido entre once son de este apasionante signo, porque Virgo de buenas te puede hacer, decir, mostrar o enseñar lo necesario para mejorar cualquier cosa. Una cena, un arreglo floral, un manuscrito, un malestar y hasta un día. Porque Virgo es regido por Mercurio, y de Mercurio sabe encontrar la mejor energía, la de pensar. Eso, siempre y cuando te quiera, te respete y/o lo quiera hacer. Virgo tiene dos tendencias: ser sabio o conocedora (dependiendo del caso y del momento) o ser criticón y/o presumida. Dicen algunos libros antiguos que se usa Virgo (porque todos tenemos Virgo en algún lugar de nuestro horóscopo personal) para vivir entre la virtud, el derroche de energía o el desenfreno. Así que poniéndote límites que solo tú conoces, siempre estarás protegido.

De malas

Ten en cuenta que puedes ser tan hipercrítico y puedes herir con tal esmero que aunque te despiertes de buenas, quien durmió a tu lado no pudo dormir por los horrores que le dijiste. También dicen que Virgo puede reconocer con facilidad que su verdadera gloria es la ciencia y la paz su verdadera felicidad; y cuando esto no te sucede, sientes que la vida te está pagando mal. Virgo no debe alejarse del erotismo, algo que suele hacer cuando está de malas. Otro consejo, tener en casa un libro del gran escritor ruso Tolstoy (nacido Virgo) siempre puede ayudarte a aclarar tu modo y manera de pensar, que se confunde en sí, cuando enojado.

Antonin Artaud, nacido Virgo, decía que "el sentido de reducir mi ser más íntimo puede frustrar mi vida", y el verbo frustrar con todos sus derivados es una de las peores cosas que puede sucederte. Para reponerte, ten en cuenta y recuerda que Virgo representa *todas* las virtudes: simpatía, prudencia, tacto, habilidad, ingenio, gusto por el arte y amor hacia lo bello. Tienes de donde escoger para ponerte de buenas, siempre y cuando te des el tiempo para hacerlo.

LIBRA
(23 de septiembre a 23 de octubre)

De buenas

Libra, aunque esté de buenas o de malas, generalmente tiene una sonrisa que desarma a quién quiera y parece tener la perfección metida en algún lugar de su bolsillo del pantalón, vestido o bolso de mano. Claro que detrás de su bondad y cordura, puede ser enojón, egoísta y obstinado, creyendo que hace el bien, o haciendo el bien de manera excelsa. Dicen que es el signo a quien le dicen con mayor frecuencia *cabrón* porque Libra se sabe ser volátil y difuso al mismo tiempo, así como Gandhi. De este libertador de su patria, un portento de ejemplo para la humanidad, se dice que dormía con catorce vírgenes, aunque él aseguraba que no hacía el amor con ellas, pero seguía la práctica taoísta para rejuvenecer su energía masculina de esa forma.

Libra, de buenas, nos convences de lo que quieres porque queremos quererte y creerte. Venus, el planeta que rige tu signo, te hace propulsor de la paz y la tranquilidad, tu siendo el árbitro de ti mismo, del mundo y, a veces, hasta del Universo. Tu alma necesita expandirse continuamente. No eres indeciso, pero te cuesta trabajo decidir porque quieres que todo el mundo sea tratado con justicia, y bien te queda el siguiente dicho: "El humano nunca sabe de lo que es capaz, hasta que lo intenta". Recuerda, cuando intentas algo, estás de buenas.

De malas

Eso si, cuando Libra tiene que escoger, presenta su punto de vista y el punto de vista opuesto al mismo tiempo (frecuentemente), porque no quiere más que balancearlo todo. A menudo sueles imaginar que enojarte es una pérdida de tiempo. Hasta que estás realmente de malas, y entre todos los signos astrológicos el tuyo es el menos esperado. Escoger no es tu máximo, precisamente por lo mismo. Lo digo en todos mis libros, (ya son veinte): *Mejor mal acompañado que solo*, para Libra únicamente, y Libra cuando amanece sin estar en los brazos de alguien, amanece de malas, aunque sea un lindo oso de peluche.

Libra pasó en 2012 por penurias que no deben repetirse hasta dentro de unos veintinueve años, y

estas tormentas cósmicas deberían de haberte per-
mitido aprender mucho sobre ti y tu persona, sobre
tus propios errores y cómo no volverlos a hacer. Es
decir, a partir de 2013, entraste en una época dentro
de la cual ya tienes más experiencia y has aprendido
mucho. Esto es igual para los habitantes de Libra de
cualquier edad, así que piensa todo dos veces antes
de cometer desmanes y ama lo que puedas, excelente
panacea para Libra siempre.

ESCORPIÓN
(24 de octubre a 22 de noviembre)

De buenas

"Digo la verdad… cada deseo me ha enriquecido más
que poseer el objeto de mi deseo", excelente pensamiento para Escorpión de buenas o de malas, porque
estando bajo control de lo suyo, Escorpión debe estar
de buenas. Aunque la verdad es que te cuesta algo
de trabajo estar *bien dans sa peaux*, como dicen los

franceses, cuya traducción significa "feliz con su propia persona". Lo estás, siendo Escorpión, pero estás siempre en búsqueda de descargar energías, y a veces te tropiezas con energías buenas que no lo son tanto o con energías difíciles que en realidad son magníficas.

Comprender tu propia energía es lo que te hace ser feliz o, simplemente y en otras palabras, cómodo. Cuando Escorpión está manipulando, se siente contento. La intensidad puede serte de mucha ayuda, y tus obsesiones pueden aclarar la luz del día o ensombrecer la noche, y eso depende en gran porcentaje de tu humor y no de lo bien o lo mal que te va, aunque de malas resultas ser bien difícil y para eso, solo tú sabes el cómo y el porqué, aunque puede sucederte que a veces ni tú te entiendes, especialmente cuando estas de malas. Nos gustaría a todos que estuvieras siempre de buenas. No te es fácil explicar lo que te hace cambiar, porque tu intensidad es soportable para quienes te aman, pero insoportable para quienes no saben porque no te quieren. Bien importante es para ti tener buen dominio sobre tu propio tiempo, en segundos, minutos, horas, días, semanas, meses, años y épocas. Por ejemplo, la frase anterior a esta se pasó en entre ocho y diez segundos. ¿Fueron bien invertidos? ¿Mal invertidos? Solo tú sabrás si esto te pone de buenas o de malas…

De malas

La incompetencia puede sacarte de quicio. ¿Sabías que la palabra "escorpión" viene de una palabra del griego antiguo que significa *cortar en pedazos*? Y a tus enemigos así les haces, a quienes no te respetan como crees merecer, inclusive si pierdes en el juego, algo que a veces sucede.

El objeto que rige tu signo es Plutón —antes planeta, ahora ya no y seguramente pronto, planeta de nuevo, porque a Plutón, como a ti, no lo manda nadie. Dicen que cuando alguien te pregunta adónde vas, tú contestas simplemente: "Regreso en unos minutos". Y no siempre lo haces, pero no revelas adónde vas, porque te pone de malas la pregunta.

Te gusta aparentar que nada te molesta, pero te molestan demasiadas cosas que no sabes explicar, y menos el porqué. Dicen algunos que tu enojo está sentado sobre tu nariz y amas profundamente, pero no a muchos. Eres menos fuerte de lo que imaginas, porque eres profundamente conocedor de lo que puede suceder o de lo que no debe suceder, y lo que menos te gusta, o mejor dicho, una de las cosas que menos te gusta mostrar es que estás enojado. Solo tú sabes por qué. Buscando, cobrando y venciendo es lo que te pone de buenas cuando estás de malas, y, para ti, vencer, convencer y autoconvencerte son tus panaceas.

SAGITARIO
(23 de noviembre a 21 de diciembre)

De buenas

Un centauro es una de las figuras más bellas de toda la mitología y tú, siendo Sagitario, tienes esa figura como símbolo —el único de todos los signos que es mitad hombre, mitad animal. Todo lo quieres abarcar, y en tu intimidad puedes alcanzarlo, aunque fuese en tu imaginación. Dicen que Sagitario debe mirar el horizonte una vez al día y tener demasiados proyectos para ser feliz. Viajar y conocer lugares diferentes deben ser parte de tu vida, sea por medio de libros, películas, trabajo, pareja o explorando los entornos de tu cuadra, ciudad, estado, país o continente.

Tus amigos te pueden aportar un cambio de humor instantáneo si se lo permites, y debes tener amigos en quienes confiar. La amistad es algo necesario en la vida, pero para Sagitario es importantísima y puede ponerte de buenas o de malas una llamada de atención, de cuidado, de necesidad o de ayuda de una amistad en todo momento. Cuando estás a punto de sentirte de malas, necesitas tener la suficiente confianza en ti para acudir a ellos. Y cuando ellos te responden con una palabra adecuada, sanas.

Tu felicidad estriba en la libertad que conquistas para con todas tus cosas. Y mientras más ambicionas, mejor te sentirás. Escuchar las composiciones de Beethoven puede aclararte la mente cuando te sientes confundido, que es algo que puede ponerte de malas, aunque hayas estado durante tiempo de buenas. Tu capacidad humana es muy grande, y usarla te tendrá de buenas, siempre y cuando ejecutes ese don. Las metas pueden ser tu máximo bienestar, aunque no las alcances… el simple hecho de tratar de lograrlas es excelente ejercicio.

De malas

Sagitario tiene la enfermedad de "la verdad", y por lo mismo, le cuesta trabajo no contar lo que no debe —guardar secretos o contestar de inmediato lo que sabe como cierto... o no. A su vez, Sagitario es el representante de la filosofía, lo cual no significa que tú eres el mejor filósofo del mundo, pero sí significa que para cambiar de humor, buscar las palabras adecuadas siempre será idóneo.

Tú te sabes exagerado, y lo haces bien, a tal grado que puedes encontrarte en situaciones ambiguas por el simple hecho de haber dicho lo que no deberías de haber soltado, y eso puede ponerte no solamente de mal humor, pero enredarte de modo y manera que ni tú te entiendes o ni tú encuentras la verdad, aunque seas experto socrático. La pericia es lo que anhelas, así que cuando te asocias con tus éxitos, todo va bien, pero cuando te das cuenta que tú mismo no has sabido discriminar entre lo que conviene y lo fraudulento, es como si te hubieras regalado un autocastigo casi tan duro como los de la inquisición. A menudo, no controlas tus emociones y, por lo mismo, hacer ejercicio corporal es algo que todo Sagitario debe hacer, sin pensar que tienes que lograr la perfección que crees merecer. Lo tuyo es siempre llegar más lejos y más alto, y comprender que no siempre se puede te pone de malas. Cuando se te acaba el entusiasmo, cuidado, eso es lo peor que te puede suceder.

CAPRICORNIO
(22 de diciembre a 20 de enero)

De buenas

Con algo, un poco, bastante o mucha autoridad en cualquier asunto (desde escoger momentos, besar a la persona adecuada o triunfar) estás de buenas. Las cantidades no deben importarte tanto como el hecho de saberte capaz de tener la autoridad personal para lograrlo. Parece quizá banal que uno de los cerebros más importantes de nuestro tiempo, el de Stephen Hawking, físico teórico y condenado a vivir en una silla de ruedas desde joven, personaje que ocupó durante tiempo la "silla de Newton" (ambos nacidos

Capricornio) y autor de uno de los libros más vendidos sobre la ciencia en el mundo, *Una breve historia del tiempo,* que todo capricorniano debe tener en casa, haya dicho hace poco (a sus setenta años) que para él, el mayor misterio del Universo es algo sobre cual piensa durante gran parte del día: "El misterio de las mujeres... para mí, son un misterio absoluto".

De todos los signos, el tuyo es el menos dispuesto a perder tiempo en cosas tan banales como levantarse de buen o de mal humor. Pero tus preguntas personales pueden ponerte de buen o de mal humor. Tus humores duran demasiado, y cuando saltas de un humor a otro, es porque no eres Capricornio, o tu signo no manda en tu horóscopo personal. Tu energía positiva está puesta en tu alma para demostrarle al mundo que lo que haces y piensas es lo que *debe ser,* y los cambios no son exactamente lo tuyo. Cuidado en no gastarte demasiado en una enorme cantidad de responsabilidad, porque eso sí puede afectar tu salud física y mental.

Dicen que quienes nacen Capricornio, nacen ya con una cierta madurez, y eso te permite a la vez gozar de gran paciencia. Aguantar y construir son dos verbos que te van a la perfección. Para que te pongas de buenas, te dejo leyendo algo que un poeta amigo llamado Valeriu Marcu alguna vez escribió sobre Capricornio: "Quimera del mecanismo de autodefensa, luz de introversión, estructura interna fiel, evocación del tiempo amaestrado… deberíamos todos seguirte con más cuidado".

De malas

Te sabes capaz de muchas cosas, pero cuando esa misma fuerza se esfuma, cuando no alcanzas lo que sabes necesitar, puedes convertirte en alguien tan frío como el espacio extraterrestre, y ten en cuenta que aunque para ti "subir", "mejorar", "invertir" y "tener más" —no siempre de cosas sino de ideas y gustos— en la vida es algo importante. La paciencia es tu mejor amiga, así que calma y sosiego te conviene en lugar de calcular con esa terquedad tan especial que puedes mostrar, que sabes mostrar y que demasiadas veces, gustas mostrar.

Respétame, esa palabra te importa, y cuando sientes que esto no está sucediendo, no te lo perdonas y tienes tanta personalidad, que se contagia este sentimiento y te encierras en ti mismo haciéndole la vida muy difícil a quienes comparten tu diario deambular.

La gente te juzga mal porque no te muestras como eres, y eso puede causarte enojo. Puedes estar tan enojado que no puedes ni hablar, y no se te nota. Para ti, la frustración es terrible. Tus enojos pueden *shockear*, porque la gran mayoría piensa que no te enojas demasiado, por lo mismo, cuando explotas, asustas. Maya Angelou dice que el enojo es como el fuego, quema todo y así lo limpia; pero en una tribu africana dicen que "es de los inteligentes dirigir tu enojo hacia problemas, no hacia personas, para enfocar tus energías hacia respuestas en lugar de excusas".

ACUARIO
(21 de enero 21 a 18 de febrero)

De buenas

Diferente, picante y sabrosa son palabras que definen las frutas, los humores y los acuarianos. Momentos de gran intuición y otros de enorme silencio, pero tu silencio tiene mucho que ver con tu manera de pensar, que por lo general es muy diferente de las otras once maneras de pensar del Zodiaco. Y claro, entre sí, todos son muy distintos. Es más, se dice que cada signo tiene su propio idioma, pero tú eres "más diferente" y aún un poco más, simplemente porque naciste bajo este signo. Acuario, ves el futuro y te sabes parte del mismo, y nacido bajo la energía cósmica de Urano (el planeta que rige tu signo), necesitas tener alguna actividad que mejora el mundo.

Participar y dar algo de tu luminosidad, que se refuerza con tus innovaciones y que nos sirven a todos por tu intuición, es grande, sea regar el árbol de la banqueta de tu calle, recoger animalitos perdidos o donar millones a una fundación que ayuda a humanos. Participar de algún modo o manera en el bienestar del planeta es lo que te permite levantarte de buenas. Todos tenemos a este signo en algún lugar de nuestro horóscopo personal y, gracias a esto, evolucionamos cada vez que se puede. Los detalles se te pierden y haces (por lo mismo) enojar a los demás, por más que te amen, porque tienes la tendencia de hacer sentir que no quieres suficientemente a quien te adora o no les haces suficiente caso a quienes te ayudan. Recuerda siempre que eres capaz de manio-

brar oportunidades como si fueran experiencias pla-
neadas y que tu propia intuición, aunque a veces
equivocada, algún provecho te hará.

De malas

¡Ay, pero como te enojas! Hasta miedo das. Y si cri-
ticamos algo relacionado con tu extraña manera de
pensar, rayos y centellas te salen de los ojos, la boca
y una nube gris que pulula encima de tu ser (no como
la de los pisceanos, que son más bien nubes pesimis-
tas, las tuyas están llenas de electricidad).

Imagínate, Urano, tarda 84 años en darle la
vuelta al Sol, es decir su año dura 1.004 meses, pero
su día dura 17 horas y 14 minutos. Dicen que el
karma de Acuario necesita detener y mantener lo
mejor del pasado, dejando todo lo demás a la deriva
para mejorar su propio futuro, de lo contrario, das
mala impresión simplemente porque no estudiaste
tu propia persona. Y ese estudio, cuando lo dejas, te
pone de malas, así como los sueños mal interpretados
o negativos también pueden ponerte de malas, como
si fueras un niño chico que despierta de una pesadi-
lla. " 'Más allá' es la frase que describe mis acciones,

las acciones de toda mi vida", dice el autor francés Romain Rolland (signo Acuario) cuando describe no solamente su manera de ser y el porqué de sus enojos, pero también a los acuarianos.

PISCIS
(19 de febrero a 20 de marzo)

De buenas

Dicen algunos que los nacidos Piscis son esponjas psíquicas que recogen las impresiones, las presiones y los sentimientos de todo lo que los rodea —humanos, plantas, animales, cosas e ideas— para convertirlos en algo positivo, aunque la melancolía es algo que traen por dentro y que les gusta sentir. Crecen con ideas ensombrecidas, añoranzas, desconsuelo y murria, aunque estén de buenas. Más bien, con esas aflicciones, Piscis mejora y comprende el mundo a la perfección. Siendo pisceano puedes prometer teniendo la seguridad de que cumplirás, aunque frecuentemente algo te distraiga, porque todo te interesa. Los pescados que nadan en direcciones opuestos de tu signo te personifican. Quieres y puedes, pero la ilusión de lo que deseas te confunde o nos confunde. El cineasta italiano Bernardo Bertolucci dice: "Siempre he estado fascinado por la contradicción. Esa magnífica confusión". Piscis, por supuesto. Así, cuando alguien tiene un problema, nadie mejor que Piscis para estar a nuestro lado.

Si amaneces de malas, lo romántico, lo artístico, lo místico, las artes y el mar te curan… y qué bueno, porque de buenas nos inspiras.

De malas

Sabes manipular como si fueras el rey o la reina del asunto, y no hay quien te gane. Levantarte de malas sucede porque perdiste tu ego, algo que te asusta, te deprime y te confunde. De todos los signos, Piscis, enojado embellece. Poco tiene que ver tu buen o mal humor con lo que sucede a tu alrededor. Tu pesar siempre viene de aguas muy profundas y, por lo mismo, así como es maravilloso tenerte al lado cuando los demás nos sentimos mal, poco podemos hacer por ti cuando te encuentras enojado, de malas, fastidiado, disgustado, exasperado, irritado, indispuesto, desazonado, encolerizado ofendido o resentido, porque te acomodas de manera impresionante en estos sentimientos y frecuentemente terminamos de acuerdo contigo. Además, hay mucha gente que simplemente te apapacha porque de alguna manera sentimos que tenemos que hacerlo.

Tú eres quien necesita encontrar una curación propia. Por lo general, cuando molesto, no escuchas razón y prefieres estar solo. Estar de malas en tu caso, es como estar enfermo. El Dalai Lama dice que el enojo, el orgullo y la competencia son nuestros verdaderos enemigos.

Para cerrar esta parte les dejo unos consejos inspirados en *Cómo la vida imita el ajedrez*, de Garry Kasparov, ariano y uno de los mejores ajedrecista del mundo:

- Para Aries: Para triunfar, tienes que tener tu propia receta.
- Para Tauro: Tienes que tomar decisiones conscientes.
- Para Géminis: Hay que tomar riesgos.

- Para Cáncer: Hay que buscar hasta dónde puedes llegar.
- Para Leo: Pregúntate cada vez que puedas, ¿por qué?
- Para Virgo: La táctica es más importante que la estrategia.
- Para Libra: Reconoce tus propias debilidades y fuerzas.
- Para Escorpión: No cambies de estrategia si no es imperante.
- Para Sagitario: Lo importante siempre es la pregunta.
- Para Capricornio: Táctica es saber qué hacer cuando hay algo que hacer y estrategia es saber qué hacer cuando no hay nada que hacer.
- Para Acuario: No te dejes llevar demasiado por tus emociones.
- Para Piscis: El valor es la primera de todas las cualidades, porque garantiza todas las demás.

TERCERA PARTE

El amor

¿Qué es el amor?

Esta parte del libro está escrita después de haber interpretado unos treinta mil horóscopos para quienes, en un gran porcentaje, venían a verme por historias de amor. No soy curandera de mal de amores, pero sí puedo asegurarte que conociendo la fuerza y el poder de tu propio signo astrológico, que es una bendición cósmica, encontrarás salidas para lidiar con la pérdida del amor, el encuentro de tantito más o mucho más amor y, a la vez, el amor propio, algo que frecuentemente olvidamos poner a buen uso.

He visto a quienes creían morir de amor, nunca volver a amar, no haber amado suficiente o haber perdido a la única persona que podrían amar. Sin embargo, es importante darse cuenta de que el amor es algo que traemos por dentro y que tiene todo tipo de uso. De la misma manera que usamos diariamente nuestros cinco sentidos, tu propio signo astrológico siempre podrá ayudarte a entender cómo mejorar tu vida.

El amor sí es una cosa esplendorosa, y no hay quien no lo haya sentido sea por un momento, por un rato o por largo rato, o quien lo esté esperando con ansias. Se han escrito tomos largos, poemas cortos, canciones divinas y frases excelentes sobre el asunto del amor.

Entre las definiciones de la palabra *amor* del *Diccionario de la Lengua Española*, editado por la Real Academia Española, se encuentran las siguientes: "Sentimiento intenso del ser humano que, partiendo de su propia insuficiencia, necesita y busca el encuentro y unión con otro ser" y "Sentimiento de afecto, inclinación y entrega a alguien o a algo".

Aquí te dejo un espacio para que escribas tu definición del amor, en 160 letras, (veinte más que un *tweet* en Twitter). Se la puedes dedicar a tu pareja, a la persona que más ames, a Dios, a tus hijos, a tus nietos, al amor imposible de tu vida, a tu mascota, a tus padres, a quien se te pegue la gana, pero hazlo. Y dentro de unos meses, revísala a ver si cambias de parecer.

¿Qué es el amor?

_____

_____

_____

_____

_____

_____

_____

_____

_____

_____

_____

_____

_____

Ahora lee las siguientes citas con cuidado y piensa cuál consideras ser la que te queda bien, la que va con lo que estás viviendo en este momento, con tus sentimientos, con tus sueños, dolores o manera de pensar. Cada cita tiene signo, pero como nosotros en realidad llevamos todos los signos por dentro, quisiera que elijas la cita que más te identifica sin pensar en si te corresponde o no dado tu signo. Más adelante verás estas mismas citas repetidas debajo de cada signo y podrás ver a cuál pertenecía. Ahora déjate llevar por tus sentimientos.

"El verdadero amor es aquel que nace después del placer sensual: si así sucede, es inmortal… el de otro tipo se vuelve rancio, pues yace en la fantasía".

—GIACOMO CASANOVA

"Ser uno con otro es una cosa maravillosa. Pero respetar el derecho de ser diferente podría ser mejor".

—BONO

"La edad no te protege del amor. Pero el amor, de cierto modo, te protege de la edad".

—JEANNE MOREAU

"¡Estoy enamorado! ¡Estoy enamorado! No puedo estar *cool*. No me puedo quedar tranquilo. Algo me sucedió y quiero celebrarlo".

—TOM CRUISE

"Ante todo, soy mujer".

—JACQUELINE KENNEDY

"Yo no hablo de venganzas ni perdones, el olvido es la única venganza y el único perdón".

—JORGE LUIS BORGES

"No hay culpables, sólo hay crecimiento, amor y búsqueda".

—KATE DEL CASTILLO

"Hombres necios que acusáis a la mujer, sin razón,

Sin ver que sois la ocasión… de lo mismo que culpáis".

—SOR JUANA INÉS DE LA CRUZ

"La felicidad suprema del vivir es el amor en todas sus formas".

—DIEGO RIVERA

"En terapia he aprendido la importancia de mantener la vida espiritual y profesional equilibrada. Debo recuperar mi equilibrio".

—TIGER WOODS

"El amor es un sentimiento que nace sin pensar, crece sin saber y vive sin morir".

—SHAKIRA

"La gravedad no es culpable del enamoramiento de los seres humanos".

—ALBERTO EINSTEIN

El amor es una palabra que debe ser acompañada por la palabra *dicha*… y cuando no es así, hay que componerlo, mejorarlo, olvidarlo. No está de más explicar el amor en menos de 140 caracteres (como en Twitter) para cada signo, como un tentempié, para que tú, muy querido lector, te des una idea del poder personal que traes al poner a buen uso tu signo astrológico —en el rubro del amor, claro está.

- Aries: Nunca sabes lo que eres capaz de amar hasta que lo intentas.
- Tauro: Frecuentemente la seducción es

más sublime que el sexo, pero cuando ambas cosas cuajan, estás en la gloria.

- Géminis: El amor es la sensación de mariposas en el estómago cada vez que estás cerca del ser amado, aunque sea más de uno.

- Cáncer: Como bien dijo el poeta Pablo Neruda, también Cáncer: "En un beso, sabrás todo lo que he callado".

- Leo: El amor inmaduro pide amor "porque te necesito", pero el amor maduro dice "te necesito porque te amo".

- Virgo: El amor no domina, cultiva.

- Libra: Para ser fiel, necesitas sentirte seguro; y para amar, no debes esconder tu vulnerabilidad.

- Escorpión: Tu energía a veces es más fuerte que tu emoción, y necesitas exaltar tu individualismo para poderla fundir en una unión total.

- Sagitario: Conquistas con versatilidad y ternura, amas con firmeza, pero a veces te crees juez y parte, y necesitas aprender a perdonar.

- Capricornio: El amor es una inversión en ti mismo. Si encuentras el ideal para invertir tu vida en la suya, eres un humano suertudísimo.

- Acuario: La rutina y la estabilidad son importantísimas para que ames. Cuando amas, tienes que conocerte a la perfección para no salir corriendo.

- Piscis: Erich Fromm, Aries pero con Luna (representante de las emociones) en Piscis dijo: "El amor es una decisión, es un juicio, es una promesa".

El amor
en tu signo

En cualquier idioma, el amor es una cosa esplendorosa. Vámonos amando, déjate querer, conquista y sé conquistado utilizando el mejor de todos los idiomas: el tuyo. El que usas para expresarte, con el que declaras, pides, pones, quitas o manipulas el amor, dirigido a tu pareja, hijos, padres, familiares, amigos, mascotas, país y hasta tu trabajo o tus pasatiempos. Porque, como dice el doctor Erich Fromm, quien escribió uno de los libros más importantes sobre el amor, *El arte de amar:* "La satisfacción en el amor individual no puede lograrse sin tener la capacidad de amar a nuestro vecino, sin humildad verdadera, valor, fe y disciplina".

ARIES
(21 de marzo a 20 de abril)

"El verdadero amor es aquel que nace después
del placer sensual: si así sucede, es inmortal...
el de otro tipo se vuelve rancio, pues yace en
la fantasía".

—GIACOMO CASANOVA

El mismo Erich Fromm comienza su libro con la
pregunta: "¿Es el amor un arte?". Si lo es, requiere
de conocimiento y esfuerzo. ¿O será el amor simplemente una sensación placentera, que para sentir es
algo fortuito, algo en lo que *caemos*, si tenemos suerte?
Aries, si eres de sexo masculino, tú tienes más suerte
(por lo general) que las mujeres arianas en el amor.
Pero esto no significa que ames más ni que consigas
más amor en calidad, aunque puede ser que en cantidad sí. Tu signo es regido por Marte y eso fortalece
tu libido que, cuando se usa de manera positiva, te
permite ser vigoroso, emprendedor, innovador, valiente y conquistador. Pero cuando lo desperdicias,

o empleas el lado negativo, puedes ser violento, agresivo, temeroso, duro y orgulloso.

Tu presencia casi siempre es notada dondequiera que estés y formas parte de los signos llamados *inspiracionales* (los otros son Leo y Sagitario). Tu energía explota como un volcán, repentina y ostentosamente. Así que cuidado, porque tomar el toro por los cuernos (en todos los sentidos de la palabra) no siempre tiene los resultados que esperas, porque puede alejar, asustar o contrariar a quien amas o quisieras amar.

Si verdaderamente amas, vas por buen camino, siempre y cuando elimines ese karma que algunos Aries cargan por haber sido egoístas y/o egocéntricos. Esto se hace haciendo el bien, inclusive para aquellos que *no* quieres. Para los que sí amas, una sobredosis del bien tuyo puede ser muy buena cosa para ambos.

Tu signo provoca cierta vulnerabilidad, que aunque puedes llegar a tener momentos muy explosivos, mucha gente no conoce. Por ende, demasiadas veces te ves enfrentado a la frase: "No te entiendo". Mucho bien harías en demarcar tus propios límites porque, con frecuencia, Aries nace con el don de pensar y actuar con el "yo primero" ante todo.

Todos los signos se pueden relacionar con ciertos

verbos que les van como anillo al dedo. En tu caso, este es *activar,* así como *confiar, decir, dirigir, empezar, lograr, mandar, prometer, atreverte, salvar, tocar* y *trabajar.* Si logras poner en buen uso a estos verbos con respecto al amor, a tu propio modo y manera, podrías llegar a descubrir tu pócima mágica… ¡disfrútalo!

TAURO
(21 de abril a 21 de mayo)

"Ser uno con otro es una cosa maravillosa.
Pero respetar el derecho de ser diferente
podría ser mejor".

—BONO

Tus sueños son irresistibles. Si los contaras, todo el mundo quisiera tenerlos como deliciosa realidad, pero aunque parezcas ser uno de los más firmes, fuertes, enteros, constantes y estables de los doce signos, basta con contrariarte para que demuestres todo lo contrario, con la furia shakesperiana que solo ese gran escritor (también Tauro) sabía describir. Las fuerzas creativas de la naturaleza tienen que ver con tu vida personal, porque tienes la fuerza necesaria para conquistar el mundo y, sobre todo, al ser deseado. Tauro, en mi diccionario metafísico de la astrología, representa el arcoíris. Eres capaz de enloquecer a quien te ama porque necesitas sentirte libre, pero no soportas la libertad del objeto de tu adoración.

El baile también lleva como amuleto al signo de Tauro, y bailar para ti es casi como una curación. Lo hagas bien o lo hagas mal, es algo que debes hacer si puedes unos minutos al día, o cuando sientas esa *muina* que a veces te corroe. Pregúntale a tu pareja, "¿Cómo bailo?", y si tu amor ariano te dice que no te sueltas demasiado, aprende a soltarte. Si tu amor taurino te dice que duda que te atrevas, atrévete. Si tu Géminis amado o amada te dice que te falta expresión, encuentra el modo. Si tu Cáncer te hace alguna crítica, como que no le echas ganas, escucha y cambia la música. Si Leo te dice que te falta movimiento, toma clases de ejercicio. Y si Virgo comenta que no escuchas el ritmo, busca como encontrarlo. Libra podría decirte que no traes la ropa adecuada, entonces corre a cambiarte de buen humor. Si Escorpión te mira diciéndote que te falta propiedad, cambia de pareja. Si tu Sagitario amado o amada te dice que te falta postura, estúdiate en un espejo. Si tu adorado o adorada Capricornio critica tu ritmo interno, lee el Kama Sutra (o aunque sea míralo). Acuario nada más falta que te compare con alguien que lo hace mejor para que busques otra pareja. Y si el amor del momento de signo Piscis dice que deberías bailar siempre con pareja, cásate.

Por supuesto que no necesitas pasar todo el tiempo bailando para comprender cómo, cuánto y hasta dónde te aman, pero bailar es algo que, aunque no lo creas, llevas en el alma; te conecta con tu propio vaivén.

A ti, Tauro, te gusta creer en tu ser amado, creer que sus promesas son verídicas, y eres capaz de acomodar lo que oyes para autoconvencerte de que las cosas son como quisieras que fueran. La ira de Tauro es enorme cuando se desengaña, porque esto amaina su amor propio, algo que definitivamente no soportas. Tienes que tomar en cuenta que los cinco sentidos (tocar, ver, escuchar, oler y saborear) pertenecen y son regidos por tu signo y, por lo mismo, un poco de cada cosa en tu diario deambular es algo que te lleva a la perfección en tu vida y con tus amores.

Tus propias metas te fortalecen, aunque te hacen ser a menudo un poco más inmutable y/o cabal de lo que debieras ser. Cuestiónate siempre si gozas con la persona que amas, no solamente en lo erótico, sino dentro del diario deambular, incluyendo los momentos algo difíciles. El goce debe tener esa ligereza que se escucha cuando alguien en inglés te dice: *"Enjoy"*. Haz tu lista y pregúntate lo siguiente: ¿Recibo satisfacción? ¿Me beneficia? ¿Paso momentos de placer? ¿La paso bien? ¿Verlo o verla me da cierto gusto? ¿Me huele bien? ¿Me siento privilegiado por tener a esa persona a mi lado? ¿Sus éxitos me alegran? ¿Me sabe consolar? ¿Aguanto sus momentos difíciles? ¿Sabemos compartir? ¿Nos apreciamos?

No necesitas dar una respuesta afirmativa a todo, pero mientras, más *sí*, mejor. Debes saberte fuerte, necesitas encontrar tu propia relación con el planeta que rige tu signo, Venus. Debes *diariamente* ponerte algo que te complace personalmente. Puede ser un pasador, un anillo de brillantes, un color especial; simplemente recorre tu cuerpo y adórnalo. *Luchar* y *gozar* son tus verbos personales. Úsalos en el amor y en tu vida diaria.

GÉMINIS
(22 de mayo a 21 de junio)

"La edad no te protege del amor. Pero el amor,
de cierto modo, te protege de la edad".

—JEANNE MOREAU

La inmediatez de tu persona es una fuerza tan especial que a veces ni tú mismo te das cuenta de que antes de amar, ya se te olvidó quien era la persona amada y te pierdes en un misterio de búsqueda donde a menudo encuentras lo que necesitas (como pareja) y olvidas tus promesas pasadas. Se te ocurre casi siempre la palabra adecuada para complacer, y puedes impresionar a quien quieras si los astros y Mercurio (el planeta que rige tu signo) están bien puestos en el cielo de tu cosmos personal. Sin embargo, cuanto tu planeta Mercurio está en retroceso (ver página 85 para las fechas exactas) mejor harás en callar y otorgar para salir ganando.

Lo mejor que puedes hacer en tu vida es tener contacto humano de todo tipo, sea en persona o en la red, porque mientras más aprendes a comunicarte (sin atraparte dentro de pequeñeces), mejor reforzarás tu enorme capacidad para convencer. Fíjate que Dante Alighieri, el Che Guevara, Paul McCartney, Miles Davis, Naomi Campbell, Sócrates, Marilyn Monroe, Angelina Jolie, la Reina Victoria de Inglaterra, Jennifer Lopez, Tupac Shakur y Meryl Streep tienen una cosa en común: rara vez han tenido en la historia de sus vidas falta de palabras. Si alguna vez a ti, Géminis, te faltan las palabras, atrévete (es una palabra que le va muy bien a tu signo y debes tomarlo en cuenta) a buscar alguna de las miles de frases de Federico García Lorca, nacido Géminis para guiarte, cualquiera siempre estará a tu disposición para sacarte de cualquier apuro amoroso. Las hizo para ti, Géminis.

Los que te aman, podrían pensar lo mismo que dijo otro poeta, Pedro Salinas, "Lo que eres me distrae de lo que dices", porque a veces dices una cosa y haces otra, o haces tres cosas y dices una. Saber decir lo que quieres es importantísimo. Todo nacido Géminis debe tener un buen diccionario en casa para poder aprenderse las explicaciones de ciertas palabras para así poder plantear y replantar lo que cree que necesita decir para hacer lo que sabe que quiere hacer.

Cuando amas, arriesgas. Y cuando arriesgas, a veces pierdes, pero no lo puedes (ni lo debes) evitar. Tu problema es que siempre deseas probar lo nuevo, y lo nuevo aparece con gran frecuencia. Mercurio, el planeta que rige tu signo, era considerado por los antiguos romanos como el mensajero de los dioses, y si no aprovechas ese don, desperdicias tu tiempo, algo que debes evitar.

El amor puede ser para ti un juego, tanto la conquista como el ser conquistado, y luego te encuentras en una maraña de sentimientos como si estuvieras más bien dentro de una tela de araña, cómoda y desesperante a la vez. Tú, mejor que nadie, ves los dos lados de todo: del amor, del cariño, de los besos, de los hijos, de estar y de irse. Por eso, cuando tomas una decisión, luego te preguntas si fue la debida. Eres fantásticamente sutil cuando quieres, y tu naturaleza —que es fácil y sutilmente vivaz— te permite cruzar barreras que otros no se atreverían ni a pensar. Y luego *ahhh*, pero *ahhh*, dicen quienes te aman, o dices tú cuando sientes ese recorrer del gusanito del amor.

CÁNCER
(22 de junio a 23 de julio)

"¡Estoy enamorado! ¡Estoy enamorado! No puedo estar cool. No me puedo quedar tranquilo. Algo me sucedió y quiero celebrarlo".

—TOM CRUISE

En la modernidad el único rey (de Inglaterra) quien abdicó por amor fue Edward Albert Christian George Andrew Patrick David, príncipe de Wales, de signo Cáncer. Reinando por menos de un año, en 1936 renunció a su soberanía para casarse "con la mujer que necesito". Luego, en 1957, Harry Belafonte interpretó la canción "Love, Love Alone", que dice "fue el amor, solo el amor, lo que causó que el Rey Eduardo dejara su trono".

La música, al ser del signo Cáncer, te puede transportar al pasado, despertar memorias distantes y recrearse entre tus sueños mas eróticos, sentimentales o frustrantes. "Cada noche un amor", de Agustín Lara, no te va para nada, pero la canción podría situarte en algún lugar específico.

Para mal de amores o para algo que nunca olvidarás, nada como la música. "Just the Way You Are", con más de 12 millones de ejemplares vendidos, podría traerte un recuerdo impactante, pero sin duda debes tener en tu iPod "Someone like You" de Adele. Shakira, aunque fuese por un baile calentito con su "Hips Don't Lie" no debe faltarte, y una clásica *Sonata de Luna* de Beethoven podría ayudarte a gozar o recordar.

Necesitarás siempre aprender a darte cuenta cuándo es hora de decir adiós, lo cual puedes hacer con la ayuda de "Time to Say Goodbye", cantada por Andrea Bocelli y Sarah Brightman, ya que a Cáncer le cuesta mucho cortar con un amor. Y si el amor es pasajero, "I Want to Hold Your Hand" de los Beatles (sea la original o una versión Jazz, que resulta magnífico) puede ser bien divertido. "Beat It", de Michael Jackson, siempre puede ser un buen regalo de despedida. Y si tienes en casa "Amarte es un placer", de Luis Miguel, puedes gozarla bailando, acurrucándote, abrazado de tu ser amado, festejando o simplemente agarraditos de la mano como se hacía en el siglo pasado, y como diría mi abuelita alemana que le gustaba recordarme que sabía hablar algo de español: "Ya la hiciste". Escoge cualquier canción o todo un CD, y pásala bien.

Tu amor es protector y a la vez adquisitivo, y puedes a menudo ahogar el objeto de tu amor con demasiada vulnerabilidad, la cual sueles demostrar pidiendo más, y más, y más, y más, hasta que el objeto de tu gran amor ya no puede más... y fuiste tú quien echó todo a perder. ¡CUIDADO! porque esos "mases", no son siempre asuntos o cosas que pides, sino situaciones que haces para que quien te amaba con locura, comience a sentirse incómodo.

El Dalai Lama, de signo Cáncer, es un ser excepcional. Tiene una cita que creo te haría mucho bien tener escrito en la cartera, en tu casa o en algún lugar que te obligue a verlo seguido, con letras plateadas, si puedes, porque el plateado es tu color de la suerte: "Si no te amas, no podrás amar a otros. Si no tienes compasión por ti, no tendrás la posibilidad de desarrollar compasión por otros".

Todo indica que el punto débil de tu cuerpo es el estómago, que a menudo tiene trastornos cuando traes el corazón herido. La Luna rige tu signo, y dicen los astrologistas de antaño que la Luna rige a la vez el alma. La gran tenacidad de tu persona está representada en las garras del cangrejo, y los 500 millones de Cáncer que deambulan sobre nuestro planeta, si tienen algo en común, es que la familia viene primero. Los tuyos forman parte de tu amor y no hay vuelta que darle. A la vez, sientes competencia cuando de tu hombre o de tu mujer se trata, y tu pareja tendrá que lidiar con esto si resulta ser coqueta, enamorado o simplemente truhán.

El recuerdo te reconfortará siempre. Y la palabra *siempre* es algo que para los nacidos bajo este, el cuarto signo del Zodiaco, debe estar encajada, incrustada y empotrada en tu mente, acompañando a cada uno de tus amores, por mínimo o máximo que haya sido o sea, porque ese es el pan de *tu* vida.

LEO
(24 de julio a 23 de agosto)

"Ante todo, soy mujer".

—JACQUELINE KENNEDY

Sin halagos, no hay amor para Leo, aunque la palabra puede ser intercambiada por elogios, celebraciones o momentos jocosos. Leo necesita saberse amado porque vaya si sabe querer. Fogosamente. Tu símbolo, el Sol, dicen que lleva milenios representando la cola del león que, a su vez, tiene que ver con el ego, lo que tu reconoces como "yo", el súper yo y la relación que tienes con el mundo que te rodea.

Tienes mucho que dar cuando quieres, porque eres espontáneo, dominante, creativo y extrovertido, y tienes muchas ganas de conquistar el mundo. Tu gran problema es que cuando las cosas no salen como planeas o pensabas, reaccionas totalmente mal, en relación a lo que te conviene. Y cuando digo mal, quiero decir que haces todo lo contrario a lo que debieras. Aunque frecuentemente, después se te pasa el coraje, y no guardas rencor por mucho tiempo, pero tampoco sabes cómo reponer el daño ya hecho. Sigue la posibilidad de que llevando tanta capacidad por dentro de querer, tienes un especial talento para querer muchas veces con gran pasión.

Tu eres de los más tercos del Zodiaco (junto con Tauro y Escorpión), y por lo mismo eres capaz de rogar hasta conquistar, y al día siguiente encaminarte hacia otro amor, al mismo tiempo dejando una profunda huella a quien has querido, dejado o plantado. Como eres exagerado, la espontaneidad se te da fácil y sabes convencer sin escatimar. Tener alguien a quien respetas totalmente para que le creas cuando te dice que vas por un camino equivocado es importante. Recuerda que de leones eran la gran mayoría de estatuas guardianes de los palacios y templos de antaño. Por lo mismo, trata de repartir cuidados especiales a quien ames. Ese don te viene con el signo. Úsalo.

¿Sabías que Hércules es el personaje mitológico que representa tu signo? Apréndete los diferentes modos y maneras de decir tu signo en varios idiomas, para que cuando tengas tiempo te enteres de sus hazañas. En hindú: *Asleha*. En árabe: *Asad*. En francés: *Lion*. En alemán: *Lowe*. En persa: *Shir*. En turco: *Artàn*. En hebreo: *Arye*. En italiano: *Leone*.

Te acompañan varios personajes conocidos por deshacerse de manera inusitada de sus parejas, salir de embrollos y retomar posiciones de poder, como Napoleón Bonaparte, Jennifer Lopez, Madonna, Bill Clinton (saliéndose siempre con la suya), Jacqueline Onassis, Fidel Castro, Mick Jagger, Simón Bolívar, Robert Redford, Carl Jung, Antonio Banderas y Leonardo DiCaprio. Incluí doce para que escojas alguno y leas sobre su vida. Mucho habrás de aprender sobre ti mismo leyendo sobre estos personajes.

No dejes de repetirte de vez en cuando lo siguiente: "El egoísmo es la esencia misma de un alma noble". Cuando tú, Leo, asimiles, comprendas, entiendas y sientas que el egoísmo es en realidad tu muy particular forma de democracia personal, estarás tranquilo contigo mismo. Pero esto guárdalo como secreto personal.

Leo, tener al Sol como tu eje astrológico (o regente) te hace luminoso. El Sol te hace bien —para tranquilizarte, para pensar y para iluminar a quienes o lo que te rodea. Los antiguos astrólogos dibujaban tu signo como un corazón abierto con dos válvulas, que significaba el conjunto del dios del Sol con el alma del hombre —algo magnífico puesto a buen uso; y a mal uso, algo terrible, porque tu fuerza es tremenda, y cuando se mezcla con un orgullo demasiado presente, causa estragos.

Puedes explicarle a quien quieras (o puedas) que tu signo se encuentra dentro de sus propias creaciones y necesita imponer, siempre y cuando recuerdes y tomes en cuenta que tu fortaleza viene acompañada de las palabras *lo haré*, pero si lo haces con generosidad, tanto mejor.

Tu entusiasmo y tu facilidad para el drama (de cualquier tipo) es maravilloso si, nuevamente, pones ambas cosas a buen uso. Así, puedes conseguir la conquista y la pasión infinita. Y ten siempre presente el verbo *armonizar*, que te pertenece, así como *concertar, avenir, amigar, condecir, acordar* y cualquier otro sinónimo que te quede fácil.

VIRGO
(24 de agosto a 23 de septiembre)

"Yo no hablo de venganzas ni perdones, el
olvido es la única venganza y el único
perdón".

—JORGE LUIS BORGES

Lo dice el *Oxford Companion to the Mind*, mi libro de cabecera: "Virgo es un ser emotivo, curioso, preciso y nervioso". Así nace, así tienes que entenderlos y así aman. Y cuando amas, Virgo, por lo general es profundamente, porque ya te criticaron lo suficiente como para soportar cualquier cosa. Hasta que te hartas. Y luego, no hay vuelta atrás. Así que, para los demás signos, enamórate de Virgo teniendo en cuenta que necesitas comprender que a menudo su crítica y su agresividad (por lo general verbal) está revuelto con el amor que te tiene. Hasta que te dejan de querer.

Virgo, a veces analizas hasta agobiar. Y ahora que ya sabes algo de lo difícil que puedes ser, me atrevo a decirte que en la astrología milenaria, tu signo representaba las siete virtudes: simpatía, prudencia, tacto, habilidad, ingenio, gusto por el arte y amor hacia lo bello. Quererte es una hazaña, pero que tú ames es casi un milagro.

En el antiquísimo mundo del sánscrito, los seis puntos de la fuerza de la naturaleza también te pertenecían. Que bien que todos tenemos a Virgo en nuestro horóscopo personal, aunque tú lleves cierta delantera. Esas fuerzas son: el fuego creador, la energía intelectual, los mensajeros del cerebro, la voluntad y el poder del pensamiento, el despertar de la iniciación y el verbo manifiesto. Virgo, decían en aquel entonces, es el porvenir. El porvenir tiene planeta: Neptuno. Y Neptuno es el planeta que rige a Piscis, el signo del Zodiaco que está opuesto al tuyo. Por esto, Virgo, tu pareja y tú deben hacer un especie de yin yang, algo que nos llega desde la filosofía china y que simplificado explica como los opuestos se complementan porque son fuerzas interconectadas además de interdependientes. Esto no significa realmente algo perfecto, pero sí significa algo que embona —busca esto en la pareja.

"Cuando dejes de esperar que la gente puede ser perfecta, podrás amarlos por lo que realmente son", dijo Goethe, y Salvador Dalí, bastantes años después, parece contestarle cuando dice: "No le tengas miedo a la perfección —nunca se alcanza". Ambos dichos son casi perfectos para ti, Virgo. Ahora, si quieres aprender aún más sobre el amor (aunque creas que te la sabes de todas todas a la perfección), échale una mirada a lo escrito por Leo Tolstoy, considerado como uno de los más importantes escritores de novelas de amor, quien dice: "Si buscas la perfección, jamás estarás contento".

Para ver cómo puedes mejorar tu manera de relacionarte con todos los signos, (por ser en realidad el signo más difícil para enamorarte, porque ¡ay!, como criticas), aquí te dejo algunos consejos cortos con respecto a cada signo: Virgo con Aries, arriésgate a veces. Virgo con Tauro, persevera. Virgo con Géminis, discute con firmeza pero a veces da la razón. Virgo con Cáncer, usa tu inteligencia y cuida tus palabras. Virgo con Leo, reconoce tus errores y olvida el 50% de sus fallas. Virgo con Virgo, ayuda demostrando que verdaderamente quieres seguir (o terminar). Virgo con Libra, ayuda con más presencia. Virgo con Escorpión, usa tu determinación con calma. Virgo con Sagitario, analiza y piensa en mañana. Virgo con Capricornio, recuerda siempre que el agua toma su nivel, si lo dejas. Virgo con Acuario, haz lo inimaginable. Virgo con Piscis, encuentras el yin yang y la filosofía oriental.

Si quieres aprender algo del amor hablado, busca poetas de tu signo, que hay montones. Y recuerda lo que dicen los italianos, que provienen de un país que se dice ser de signo Virgo: "La sabiduría viene de escuchar; de hablar llega el arrepentimiento".

LIBRA
(24 de septiembre a 23 de octubre)

"No hay culpables, sólo hay crecimiento, amor
y búsqueda".

—KATE DEL CASTILLO

Ay, si todos los hombres y las mujeres fueran o fuésemos de este signo, nadie estaría sin pareja, porque Libra siempre estará mejor cuando acompañado. Es más, ese dicho, "Más vale solo que mal acompañado", para ti se invierte: Más vale mal acompañado que solo. Y tiene una razón casi matemática. El círculo astrológico se divide en doce casas. Cualquier círculo tiene 360 grados, y siendo Libra el signo del Zodiaco número 7, es el primero que se encuentra sobre el horizonte (si partimos el círculo por la mitad), y esto significa que representa la evolución de los conjuntos, de dos o de más, pero nunca de uno. Es más, este signo tiene una relación con la Torre de Babel, unidos muchos por el bien de la humanidad. Libra quiere que las relaciones sean pacíficas, aunque sean varias, muchas, algunas o una.

Compromiso, esa es tu palabra clave. Y puesto que te rige Venus, planeta que porta la belleza y la armonía, es importante que cada vez que te veas en el espejo, te sientas contento. Nunca debes aparecer (si te es posible) mal cuidado. Tengas una sola camisa, esa debe estar limpia y bien planchada, y claro, si puedes darte lujos personales, no dejes de hacerlo.

El placer debe aparecer en tu vida (y con tu ser amado) cada vez que se pueda. Pero no vayas a creer que eres el rey o la reina de amores si te cuento que el verbo *amar* te pertenece. Sin embargo, otros verbos que van bien con tu persona son *seducir, escoger, parecer* y *medir*. Amas con pasión, pero necesitas equilibrio para que tu amor perdure. Dijo alguien que

Libra es algo volátil y difuso, porque siempre se quiere expander. Su "yo" versus su "nosotros" le pesa, a tal punto que a menudo quien te ama no logra convencerse de tu amor. Así que cuidado, porque tener pareja es lo que necesitas más que cualquier otra cosa en la vida, pero tienes el don de hacer padecer a tu pareja, porque frecuentemente crees que podría ser mejor el amor, el hacer el amor y tu decisión final.

Dicen quienes te quieren, que estás presente aun cuando no estás; ese es un don maravilloso. Te complaces en complacer, pero finges a menudo, y a quien nunca engañas es a ti mismo. Tu fidelidad (y la de Acuario) son asuntos tan personales que es mejor no discutirlo ni con tu padre confesor, y mucho menos con tu pareja, simplemente porque no podrán comprenderte. La frase que dicen muchos abuelos te va a la perfección: "Todos estamos hechos del mismo barro, pero no con el mismo molde".

Nadie como tú para aparentar. Para ti, aparentar puede significar actuar, parecer que aparece o actuar como si apareciera. Aparentas que percibes, y cuando te enamoras, eres capaz de olvidar tus promesas, sin querer, queriendo. Giacomo Casanova era de signo Aries, el signo opuesto al tuyo, y precisamente por esto, te haría mucho bien estudiar un poco (sin pensar que son totalmente iguales), su deambular por la vida de los amores. Seas de sexo masculino o femenino, para ti es la noticia de que si somos ahora siete mil millones de personas, y hacemos un conteo que nos reduce a cien para aprender como vivimos, cincuenta serían hombres y cincuenta mujeres. Veintiséis serían niños y setenta y cuatro adultos. Ocho tendrían más de sesenta y cinco años. Ochenta y tres sabrían leer y diecisiete serían analfabetas. Setenta y siete tendrían donde abrigarse y veintitrés no. Ochenta y siete tendrían acceso al agua limpia y trece no. Y tú, Libra, eres quien puede hacer algo para mejorar cualquiera de estas cosas —tú y alguien más. Porque cuando Libra ama, se convierte en lo doble, se refuerza, siente que puede mejorar el mundo. Y frecuentemente lo logra.

ESCORPIÓN
(24 de octubre a 22 de noviembre)

"Hombres necios que acusáis a la mujer,
sin razón,

Sin ver que sois la ocasión... de lo mismo
que culpáis".

—SOR JUANA INÉS DE LA CRUZ

¡Eres Escorpión! ¡Ay! ¿Cuántas veces no has escuchado algo así, o parecido? ¿Y qué crees? El tuyo es mi signo astrológico preferido. El tuyo es un signo que deja huella, porque Escorpión está tan cargado de energías y de poderes que a menudo quien lo carga no se acaba de autoconocer hasta que ama, y allí se dan cuenta de que sí hay que tomar muy en serio lo dicho por el gran escritor Robert Musil (Escorpión): "Todo lo que se piensa es afecto o aversión".

Propósitos cósmicos son los tuyos, y tú eres quien cada vez que haces el amor, dejas un pedazo de tu alma. Dicen que Newton, el genio (quien no era de tu signo), nunca hizo el amor, y dicen los estudios (que por supuesto varían) que una persona normal hace el amor aproximadamente 5.100 veces en su vida. Y para seguir con estadísticas, pasemos a los orgasmos: 4 por 1, siendo el número mayor el del sexo masculino. Es decir, por cada cuatro orgasmos masculinos, el mundo cruje con uno femenino. Dicen también que nuestros cuerpos saben casi de inmediato si nos atrae otra persona, antes inclusive de que el cerebro comience a registrarlo. Al nacer Escorpión, descargas tu intensidad y, por lo mismo, no repites errores, pero tienes que aceptar que algo sea un error, aun perdidamente enamorado. Y para esto, Escorpión, necesitas saberte leer. De igual manera, quien te ama tiene que aprender a reconocer el hecho de que tus aguas son tan profundas que necesita siempre más tiempo para conocerte.

Buscar es uno de los verbos que te acompaña durante toda la vida… buscar, te permite intensificarlo todo. Escorpión no ama, se apasiona. Y cuando se siente olvidado, repudiado o molestado puede convertir su pasión en intolerancia, celos, violencia, resentimiento, temperamento o secretos desviados.

Siendo Escorpión necesitas saber encontrar a la estrella Antares para pedir tus deseos, como si fuera tu hada madrina, mirándola. Antares es una estrella súper gigante en nuestra galaxia (la Vía Láctea) que es la número dieciséis en brillantez del cielo. Podemos ver, en una noche clara unas cinco mil estrellas a "ojo de buen cubero", así que ese número es premiado. Mide casi novecientas veces el tamaño de nuestro Sol, y está a unos quinientos cincuenta años luz de nosotros. Su luminosidad tiene unas diez mil veces la fuerza de nuestro Sol, y es la estrella que personifica el ojo de Escorpión. Se ve hacia el Sur, justamente después de que oscurece, es rojiza y también conocida como *Alpha Scorpio*, y puedes presumir (a Escorpión, presumir le hace bien), que se conoce desde la Grecia antigua. En Persia se llamaba Satevis, ¡una de las cuatro estrellas *reales*! Hasta los aborígenes australianos tienen un nombre mágico para esta estrella: *djuit* —aquel con muchos amores.

Ni más ni menos que Bram Stoker, el novelista irlandés quien puso a los vampiros en el centro de los sustos colectivos, nació Escorpión, así como Ted Turner, Hillary Clinton y Bill Gates. Cada uno de estos individuos han llevado su fuerza hasta lo máximo de sus empresas y de sus amores, cada quien tiene su propio modo y manera de gastarse, definitivamente tan personal como lo es cada Escorpión sobre la faz de la Tierra.

Escorpión, cuando te obstruyen tu energía,

cuando alguien no te comprende, te cobras "a lo chino", y haces bien. Tu amor no se olvida, y tú no olvidas ningún amor, así como te hace bien y tienes el don de saber evitar la estupidez, la no-razón y la manipulación de otros (tú sabes manipular maravillosamente bien). Y luego, todo lo sabes acomodar como sea tu santa voluntad, con una imaginación a veces inigualable.

SAGITARIO
(23 de noviembre a 22 de diciembre)

"La felicidad suprema del vivir es el amor en todas sus formas".

—DIEGO RIVERA

Suertudos y suertudas. Dale gracias a tu madre por haberte parido bajo el signo de Sagitario, porque la palabra *conquistar* te pertenece, y si de amores se trata, de una vez entérate. Mientras más amplíes tus horizontes, mejor aprenderás a utilizar tu gran capacidad humana. Prende y escucha algo de Beethoven (Sagitario). Cuelga una reproducción de Diego Rivera (Sagitario) en tu casa. Lleva a quien ames a reír contigo viendo una película de Woody Allen (Sagitario); regálale un libro de Jane Austin (Sagitario); lee unas líneas de algún poema de Rainer Maria Rilke o de Paul Éluard (ambos Sagitarios); cítale algo de Horacio (Sagitario), siempre y cuando sepas algo de filosofía (la filosofía pertenece al signo Sagitario); y prométele que contigo nunca se aburrirá —cosa absolutamente cierta.

Tu signo trae una fuerza especial que te hace creer que eres inmune a todo mal, aunque tu mayor debilidad es el hecho de que las cosas te duelen más que a todos los habitantes de los otros signos del Zodiaco. Pero esto también trae algo positivo: te repones más rápido y tus pesadillas toman vuelo y desaparecen, porque tu signo es el único del Zodiaco que es mitad animal y mitad humano —llevas la magia del centauro en tus entrañas. Eres tan optimista que si alguien a quien ames te responde que ya no te quiere, encuentras (por lo general) algo mejor en poco tiempo, siempre y cuando abras bien los ojos, sepas mirar a tu alrededor y al horizonte. Estarte quieto no es lo mejor que te puede pasar, y tu pareja necesita mantenerte entretenido. De lo contrario, encuentras otra cosa sin demasiada dificultad. Y esa "otra cosa" frecuentemente es amor, en diferentes tonos, tamaños y situaciones.

Tienes tanta suerte que cuando estás de buenas, tus mentiras son escuchadas con gusto y convences a tus seres amados con facilidad de todo. A la vez, con facilidad puedes perder amores porque tu naturaleza es bastante dual, algo que a los habitantes de los otros once signos les es difícil de comprender. Históricamente en la historia antigua que nos llega a través de mitos, Chiron era el representante de tu signo astrológico. Era el más notable de todos los centauros y tu relación con esto hoy día es la importancia que tiene la necesidad de no aburrirte y que *siempre* tengas algo tuyo por hacer —es decir, un trabajo, un hobby, una ilusión, un plan, algo *personal*, que es lo que te mantiene sano y salvo de cualquier embrollo. Explorar e investigar te hacen bien, sea el cuerpo de tu amada o amado, o los diferentes modos y maneras de decir te amo.

El planeta Júpiter rige tu signo, el planeta más grande de nuestro sistema solar. Hay quienes imaginan que por esto, tu capacidad es enorme, y toda aventura te trae algo especial, tan especial que la letra hebrea que corresponde a Sagitario originalmente significaba un árbol. ¿Has alguna vez tratado de abrazar uno? Sabías que Hércules recogió las frutas de oro en una de sus hazañas (la onceava) y sostuvo el cielo mientras Atlas se las robaba. Al entregárselas, Hércules le devolvió el cielo que, según la leyenda, sigue aun sosteniendo. Una manzana dorada es tuya cada vez que te enamoras.

CAPRICORNIO
(23 de diciembre a 20 de enero)

"En terapia he aprendido la importancia de mantener la vida espiritual y profesional equilibrada. Debo recuperar mi equilibrio".

—TIGER WOODS

Steady as a rock, dicen en inglés, lo cual se traduce a "firme como una roca", y es la descripción pluscuamperfecto de Capricornio, quien está presente con fuero cuando las cosas salen mal. Y cuando todo está bien y la vida pinta color de rosa y los amores están viento en popa, Capricornio sabe hacerlo perdurar, si no le mienten. Porque Capricornio, cuando lo decide, muestra firmeza, es serio, razonable, trabajador, cuidadoso y emprendedor. Nunca hay que olvidar lo que se dice de ellos, que me encanta repetir: todos los que construyeron las pirámides de Egipto tienen que haber sido de signo Capricornio, porque ellos y sólo ellos podrían haber traído a un lugar desértico piedrotas de ese tamaño, subirlas una por una hasta formar esas enormes construcciones y dejarlas para que milenios después las podamos disfrutar, guardando siempre, cada una de ellas, su secreto.

Siendo de Capricornio, mientras más puedas mandar, mejor. Y cuando ves que te es imposible decirle qué ponerse, cómo sentirse y de qué color pinta el viento, te das la media vuelta y buscas quien se deje. Así como Sagitario tiene el don del optimismo, Capricornio tiene una gran capacidad para medir todo en forma pesimista, pero por lo mismo, muchos logran juntar montones de dinero —más de lo que otros sospechan. Y no eres muy dado a repartir; tiendes a pensar: "¿Por qué lo he de hacer, si me costó mucho trabajo juntarlo?".

El porcentaje de ricos de signo Capricornio es mayor que el de cualquier otro signo, pero no todos los capricornianos son ricos. Ahora para ti, Capricornio, los siguientes datos seguramente algún día te servirán:

- Un millón de dólares, en pila de uno por uno, mide 358 pies.
- Mil millones de dólares, en pila de uno por uno, mide 67,7 millas.
- Un trillón de dólares, en pila de uno por uno, mide 67.866 millas.

Te preguntarás para que sirven estos datos en un libro astrológico sobre el amor, pero sin ser más o menos interesado que otras personas, tener tus cuentas claras es imperante, ya que cada uno de los aproximadamente 500 millones de capricornianos del mundo tiene un pequeño gramo (o varios) de contador. Saber lo que algo vale, y por qué lo vale, en el mundo financiero y en el mundo del amor, para ti, va de la mano. Juana de Arco, Johannes Kepler, Benjamin Franklin, Rudyard Kipling (su poema "Si" encuadra tanto el amor hacia sus semejantes y el respeto del tiempo para conseguir lo que cada uno desea), Mao Tse-tung, Martin Luther King, Jr., Elvis Presley, Stephen Hawking, Tiger Woods, Aristóteles y Onassis, entre otros, son prototipos de tu signo, quienes lograron desarrollar su gran habilidad ejecutiva, sus facultades amorosas en cantidades y calidades enormes y, a la vez, volvieron sus propios ideales maravillosas realidades.

La necesidad de tener tu propio remanso de paz puede hacer parecer que eres frío cuando del amor se trata, pero eres profundamente apasionado cuando encuentras quien te comprende. Por lo mismo, puedes aparentar que tus emociones no te gobiernan, en lugar de canalizar tus sentimientos y aprovecharlos. Sabes aguantarte demasiado, aunque estés sufriendo por amor. Siempre ten a mano una buena colección de música para enamorados, ya que esto para ti es un acierto que te ayuda a ponerte a tono con tus sentimientos —algo que puede costarte tiempo largo. Aguantas y construyes, y para ti, Capricornio, un viejo amor no se olvida ni se deja... hasta recordarlo te hace dichoso.

ACUARIO
(21 de enero a 19 de febrero)

"El amor es un sentimiento que nace sin pensar, crece sin saber y vive sin morir".

—SHAKIRA

Al enterarme que alguien es de signo Acuario, siempre sonrío, porque hasta ellos mismos se dicen a menudo que son y se sienten diferentes. Bien diferentes. Pero habrá que preguntarse, ¿diferentes a qué? Tú, Acuario, eres el adivinador del Zodiaco: exploras, te independizas, escoges a veces equivocadamente y lo compones todo cuando realmente te concentras. Vives tu propia realidad y en el amor exploras con brío.

Tu luminosidad se refuerza con tus propias innovaciones y te sirve intuitivamente, a veces sin pensar. Tus vibraciones pueden ser erráticas y eróticas, y donde se encuentre Acuario en el horóscopo de cada uno de nosotros no acuarianos (todos lo tenemos en algún lado), se refuerza en gran medida el erotismo personal. Si no te puedes expresar, te asfixias, y cuando sientes estar cerca de tu asfixia personal, quieres y debes salir corriendo.

Acuario es representado por el signo del agua, elemento que nos da vida. Puedes (si quieres) dedicarte a predecir el futuro o a leer el pasado, de manera casi banal. El tarot, las hojas de té, la astrología, el I-Ching, la numerología, la bola de cristal, los sueños, la lectura de manos, la geomancia, cualquier tipo de ideas para imaginarte o creer que ves el futuro o el futuro de los que amas, siempre vale la pena probar.

Tu sentido humanitario será siempre bienvenido, y mejorar al mundo es algo que quisieras hacer. Yo siempre recomiendo que, al ser Acuario, regales algo de tu tiempo en ayudar a quien puedas, como sea, específicamente en estos tiempos con tanta disparatada confusión y pesares. Siempre hay a quien ayudar, y no debes olvidarlo. Tú tienes el don de saber consolar, pero no olvides que cuando estás adolorida o herido (por amor o por lo que sea), necesitas ayuda. No trates de curar tus males a solas.

La buena suerte y el amor pueden llegarte de improvisto, pero tú siempre juegas un gran papel en tu propia suerte. Si estás pasando por una época aparentemente difícil o suavemente fácil, estúdiate y encuentra las entradas y las salidas de tus propias acciones, y aprende a ceder antes de correr.

La música debe jugar un papel importante en tu vida porque te gusta escucharla, porque te consuela, porque te trae recuerdos o simplemente porque te interesa. Las ondas, los inventos, los seres conocidamente irreales (Superman, el Hombre Araña, las imágenes universales que nos acompañan desde la infancia hasta que lo deseemos, los seres extraterrestres y hasta los fantasmas) y, a la vez, la lógica te acompañan, y con tanta revolución en el alma, no es fácil entenderte, pero sí es fácil quererte.

Para algunos eres un enigma, y eso es algo que tienes y debes tomar en cuenta para cuando te enamores o quieres que te amen. Para ti, los proyectos en común son básicos, aunque seas más original de lo que quisieras. Cuando puedas, y si quieres, escucha de vez en cuando la música de Mozart (Acuario) —se ha encontrado que apacigua las ondas cerebrales y hace bien. Su vida es un alarde a la locura acuariana, y es considerado como uno de los diez mejores músicos de la historia. Tu traes algo suyo en tu alma, como todo Acuario. Comparte su música con tus seres queridos. Dicen algunos que tu signo es la puerta al mundo cósmico; compártelo.

PISCIS
(20 de febrero a 20 de marzo)

"La gravedad no es culpable del enamoramiento de los seres humanos".

—ALBERT EINSTEIN

Piscis a veces sufre de amor antes de saber que lo
tiene, o que está a su lado. Te adaptas frecuentemente
a lo que te toca vivir en amores o, de lo contrario,
logras que tus amores se adapten a ti, dejando esque-
las infinitamente complicadas en el alma de quien
amas. Y si no me crees, ¡lee la vida amorosa de Elizabeth Taylor!

Todo Piscis debe tener en casa una copia de la
película *Danzón*, saberlo bailar o tomar cursos para
lo mismo. Esto te aflojará las caderas (aunque ya
sepas moverlas como Shakira) y te hará bien. El danzón alguna vez fue considerado como algo escanda-
loso, pero para el año 1926, prendió como fuego y su
estructura rítmica, hasta hoy día llamada baqueteo
de timbales, se convirtió en algo elegante y cachondo,
bailado por parejas de todas las edades.

¿Estás enamorado? ¿Amas? Sácala o invítalo a bailar y ve si sus cuerpos hacen algún conjunto visual agradable. ¿Te sientes bien en sus brazos? ¿Cuando te toca? ¿Su olor? Entonces bienvenidos sean como pareja, duren lo que duren. Piscis tiene dos fases, por eso su símbolo tiene dos pescados nadando en direcciones opuestas. Tu amor es profundo, tus sentimientos a veces no tanto. Pero siempre tienes ganas de que perdure hasta el final del tiempo, porque estás abrigado con una capa de muchísimos sentimientos que dependen de Neptuno (el planeta que te rige) y eres primo hermano de Afrodita, por lo mismo, cuando amas, es con locura.

Neptuno, el planeta que te rige, se encuentra desde febrero de 2011 en Piscis, y allí estará hasta el 31 de marzo de 2025. Por lo tanto, al ser de Piscis, debes encontrar paz y sosiego si te dejas querer durante estos años. Pero tienes que dejarte ir un poco por la corriente de lo que la vida te ofrezca para aprender a conocerte y a reconocerte y así poder gozar y sentir el amor que buscas. Ten en cuenta que eres dado a poner el dedo sobre la llaga, y a culpar a tu pareja, en lugar de atreverte a ver tus propias fallas. Mejóralo.

El verbo *amar* navega en aguas de Piscis y, al

nacer bajo este signo, tienes que aprender a navegar en tus aguas, afrontando la loca fuerza estelar de tu planeta, tu imaginación, el control que a veces pierdes y saberte capaz de medir si es erótica, amor, el poder del amor, el deseo de amar o un simple imán que te llama a *tener*. Tú eres quien puede repartir las siguientes frases a quien quieras, siempre y cuando no hieran. Aprovecha ese don y dilas con amor.

- Aries dice a veces que el amor es el pan de la vida, pero luego se contradice.
- Tauro podría imaginarse que el amor es una cosa divina.
- Géminis podría decir que hay que amar para vivir, y luego vivir para amar.
- Cáncer podría decir que amor con amor se paga.
- Leo podría decir que con mil amores viviría… si no se autonombra "mil amores".
- Virgo diría que donde hay amor hay dolor, pero, ¡ay, como me gusta!
- Libra diría que para el amor y la muerte no hay cosa fuerte.

- Escorpión podría decir que el amor sin admiración es solo amistad.
- Sagitario cita a menudo al poeta francés Blaise Pascal: "El corazón tiene razones que la razón no conoce".
- Capricornio dice que amor con dolor se paga y bien vale la pena.
- Acuario grita con gusto que el amor no tiene barreras.
- Piscis, dice, "Ámense o ámenme", después de escuchar y comprender absolutamente lo que los otros once signos le dijeron, y sabe que todos dicen la verdad.

Consejos para mejorar
el asunto del amor

La quieres mucho, lo adoras, pero no soportas su perfume, su tiradero, su familia, su manera de cocinar, sus calzones tirados, sus ronquidos. En fin, hay miles de cosas que pueden disgustarte de tu ser amado, por más que sea tu gran amor. Pero hay cosas que tú debes cuidar, según tu propio signo, ¿o es que crees ser perfecto? Dicen que cuando dejas de esperar que alguien sea perfecto, puedes quererlos por quienes realmente son. Aquí te dejo con algunos consejos. Hazme el favor de leer tu propio signo primero.

- *Aries,* estás a menudo en competencia hasta con tu propia persona, y por eso, no te alteras al criticar. Piensa que estás platicando con contigo mismo y baja tu enojo. O sal a correr y, después de gastar energía, dile a tu ser amado: "Mi vida…".

- *Tauro,* fijo en tu manera de ser y bastante terco, aunque seas el más enamorado de todos los nacidos bajo este signo, bien harías en complacer de vez en cuando a tus seres queridos con la seguridad de que él o ella sabe que lo estás haciendo. ¡Controla tus celos!

- *Géminis,* tu energía personal puede (más de lo que imaginas) poner nervioso a quien te ama, y necesitas hacerle sentir que la o lo quieres casi exageradamente. Sin embargo, el don de la palabra es tuyo, así que piensa en lo que dices en lugar de simplemente enojarte.

- *Cáncer,* te identificas con tantas cosas que a menudo criticas sin ver tus fallas, y cuando te las dicen, tus sentimientos son enormemente heridos por simple auto-

Consejos para mejorar el asunto del amor

desconocimiento. Lee algo de Erich Fromm sobre el amor; te hará bien.

- *Leo*, cuidado. En demasiadas ocasiones criticas pensando en ti, en lo que te conviene, en lugar de explicar congruentemente lo que te disgusta. Y recuerda, no uses el poder de mando al hacerlo; usa el poder del sabio.

- *Virgo*, escoges las palabras más hirientes cuando criticas, y ni cuenta te das. Y como apéndice, te enojas a veces contigo mismo por no saberte explicar como deberías. Planea tus críticas para hacerlas cuando *no* estás enojado.

- *Libra*, el símbolo de tu signo es una báscula. Ten esa imagen en tu mente para que al enojarte, criticar, desesperarte o simplemente querer herir (también los que amas, hieren), puedas mostrar dos lados de la historia, la queja o el cambio que quisieras hacer.

- *Escorpión*, no intimides, ni te dejes intimidar. No hagas cosas que pueden dejar huellas que dejan heridas que no se pueden borrar. Y cuando critiques, complace un poco a la vez para que tu veneno innato no hiera… ¿o qué crees, que tú eres perfecto?

- *Sagitario*, tu hieres más cuando sientes que de alguna manera tu propia libertad está en peligro, sea en las cosas más insignificantes o las cosas que te parecen de suma importancia. Pero eres el filósofo del Zodiaco, así que edúcate un poco más para saber qué decir.

- *Capricornio*, tú quieres que las cosas sean como te gustan, y tus enojos frecuentemente salen a la luz cuando esto no sucede. Bien te haría tener una caja de sugerencias personales (vayamos a cenar una vez al mes para platicar) o hasta un cuaderno donde tú y tu ser amado pueden apuntar sus molestias… y premios para ambos cuando se arreglan.

- *Acuario*, no es fácil comprenderte. Una vez por semana deberías preguntarte si el mundo está loco o si tú estás enloqueciendo. Recuerda que una de tus fallas es que se te olvida el presente, aunque pienses en el futuro. Planea hacer cosas en conjunto que puedan fortalecer tu relación.

- *Piscis*, en lugar de quejarte por algo que no te gusta, o sentir que no te quieren porque el café no te lo sirven calentito, pide primero consejo (a tu amorcito de corazón) sobre cómo complacerlo... y luego, tú entra como santo y bueno, devolviendo una queja personal, con un beso al final, por favor.

Epílogo

Situarnos en el mundo es algo que necesitamos todos, y con amor, autoestima y la conquista de poder aprovechar lo bueno y eliminar lo malo de cada día, comienzo una colección que pienso seguir escribiendo hasta llegar al año 3000. Por eso se llama *Abundancia astrológica*.

Con la enorme cantidad de temas que existen en el mundo, tengo la seguridad de tener una inagotable fuente de propuestas, además de la bendición de mi novio Galileo Galilei, astrólogo maravilloso. Verás que la astrología no es más que una ciencia de interpretación que te permite estar más a gusto contigo mismo, descubrir la riqueza personal que todos traemos en el alma, aprovechar con ese conocimiento lo bueno de cada día y encontrarle la salida a lo malo, además de algunos puntos bien interesantes sobre ese gran sentimiento que se llama amor.

Este libro no cambiará tu vida, pero si te abre la posibilidad de encontrar abundancia en lo que necesitas para llenar tu vida con algo mejor.

Agradecimientos

Agradezco a Erik Riesenberg, Carlos Azula, Cecilia Molinari y Diane Stockwell, quienes fueron mis mentores mágicos en la elaboración de tanta abundancia, y por supuesto a León García Soler, mi compañero de vida, por soportar mis silencios (cuando trabajo o paseo con mi novio Galileo Galilei).

ANDREA VALERIA, mexicana de madre alemana y padre rumano, comenzó sus estudios en psicología en Inglaterra pero terminó graduándose en comunicación, y ahora es una de las astrólogas más renombradas del mundo hispanohablante, con treinta y cinco años de experiencia. Ha escrito dieciséis libros de astrología en español e inglés, algunos de los cuales han sido traducidos al ruso y al portugués, y es una reconocida figura de la radio y la televisión. Ella no se cansa de decir que la astrología es la parte poética de la astronomía, y sabe que Galileo Galilei diría lo mismo, por eso escribió este libro. Andrea divide su tiempo entre Cuernavaca, México, y Nueva York.